俄羅斯向東轉

U0118232

東亞焦點叢書

俄羅斯向東轉
東亞新勢力？

王家豪、羅金義

香港城市大學出版社
City University of Hong Kong Press

圖片提供

頁107、123、129 (Getty Images)；其他由作者提供。

國際統一書號：978-962-937-608-6

出版

　　　香港城市大學出版社
　　　香港九龍達之路
　　　香港城市大學
　　　網址：www.cityu.edu.hk/upress
　　　電郵：upress@cityu.edu.hk

Russia's Turn to the East: Rising Power in East Asia?
(in traditional Chinese characters)

ISBN: 978-962-937-608-6

Published by

　　　City University of Hong Kong Press
　　　Tat Chee Avenue
　　　Kowloon, Hong Kong
　　　Website: www.cityu.edu.hk/upress
　　　E-mail: upress@cityu.edu.hk

Printed in Hong Kong

目錄

總序

　　都説 21 世紀是「亞洲世紀」：300 年前，亞洲佔全球本地生產總值的比例接近 60%，今天這比例是 30% 左右，但一些預測相信到本世紀中，這比例會回復到 50%。是的，亞洲很重要，*National Geographic* 的調查卻透露美國大學生當中超過七成人不知道全球最大的商品和服務出口國其實是美國而不是中國；美國有國際條約責任，當日本受到襲擊時需予以保護，知道的美國大學生不足三成。

　　不要誤會，這裏不是在玩國際冷知識大比拼，國際知識和國際視野也不是同一回事，至少大家不會反對，藉着國際知識冀在升學求職方面「提升競爭力」，總不能算是一種國際視野。當亞洲重新為世界的發展發動重大力量的當下，挑戰和困難隨之而來，我們有什麼選擇、限制、可能性和責任？有多少可以參與、實踐、建構或改變的空間？邁前也好，躊躇也好，甚至歸去也好，態度、觀念、生活方式、情感以何為據？深情冷眼要洞見的視野，應該有歷史的維度、跨學科的視角、人文的關懷、全球在地的胸襟。這一切，靠誰？

　　一個以亞太區戰略性國際菁英為對象的意見調查透露，雖然大部分受訪者都預期未來十年最重要的經濟夥伴是中國，但東亞地區最大的和平和穩定力量依然是美國。然而，要建立一個東亞社區，有什麼重大議程應該大力推動？地區內 11 個強國和社會當中，美國幾乎是最不關心人權、自由和開放選舉的，

而且這種疑惑似乎是年復一年地惡化；關於未來的挑戰：泰國和新加坡最關心的地區金融危機、印尼最關心的人道需要（例如食水、糧食、教育）、台灣最關心的領土和歷史爭議、日本最關心的自然災難、南韓最關心的核擴散危機……等等，全部都沒有被美國菁英選入中度關注之列。

今天，大家都知道要警惕西方中心的不可靠。根本的問題如「東亞」應該如何定義，誠如韓裔國際研究名家 Samuel S. Kim 所論，過去將之圈定為中國、日本和韓國，是美國人所謂「儒家文化圈」的偏見使然，也因為他們不樂意看見一個協同增效力量更大的「東亞」。然而，面對未來發展或者變化的難題與機遇，將中、日、韓加上東南亞諸國去建構的東亞論述，不是能夠更有效地看清楚如何防微杜漸，繼往開來嗎？籌備這套叢書的過程之中，其實就是滿懷「逆思考」去撫心自省：西方中心主義不可靠，那麼我們自己可靠嗎？我們的能力似乎愈來愈大了，直到有一天，那些期許、挑戰和責任都來到面前，到了要選擇、建構和體驗的時候，我們會立足在什麼視野的裏裏外外？

因應獨特的歷史和地緣條件，「世界的香港」和「亞洲的香港」在國際交流和東亞身份的營造過程當中所能夠發揮的作用，過去是非同小可，未來也大有可為。年前有調查研究發現，香港人對「亞洲人」這身份的認同感之高，甚至跟認同「香港人」身份相若。另一個以教育工作者為訪談對象的比較研究顯示，其他國際城市的老師認為要提升學生的國際知識，因為相信這些知識有助年輕人在升學求職方面「提升競爭力」，但香港老師的信念是，年輕人本來就應該對多元文化價值的了解和欣賞，多作耕耘。香港城市大學出版社獨具慧眼和胸襟，沒有錯過香港這份人文天賦，推動出版這套「東亞焦點叢書」，以小型的裝幀和聚焦的主題去配合今天讀者的閱讀喜

好，以國際化和跨學科的寫作團隊去建構開放和全球在地的東亞論述，為培養香港以至華文世界讀者的東亞視野，以長流細水灌之溉之。

羅金義

香港教育大學大中華研究中心

序言

深感榮幸能拜讀香港教育大學社會科學系羅金義教授的大作（編者按：另一位作者是王家豪先生）。本書論述的層次分明，邏輯清晰，作者首先從認同、歷史、地緣政治及區域發展的視角切入，深入探討俄羅斯制定東亞政策的緣由與意涵。接續從區域到個別國家，依序探究俄國與大中華、東北亞、東南亞以及印太地區的關係發展與挑戰。

作者從時間的脈絡，梳理俄羅斯「向東轉」戰略的濫觴。烏克蘭事件爆發之後，俄國「向東轉」一詞，頓時成為熱門的搜尋關鍵詞，然而，作者透過官方文件追溯源頭，發現克里姆林宮轉向亞洲，早在 2000 年當普京總統入主克宮時，就開始重視亞洲，而非為因應 2014 年歐美的經濟制裁，採行的權宜之計。

作者同時於本書點出，俄國是向東轉向亞洲，並非單一鎖定中國。作者認為中國固然是首要對象，但其他亞洲國家亦涵蓋在「向東轉」戰略的範疇，例如，強化與印度的特殊戰略夥伴關係，加強與越南的全面戰略夥伴關係，甚或嘗試發展與澳洲的互利關係。

本書亮點之一，在於作者深入剖析俄羅斯與香港關係。回顧過往探討俄國對亞洲的戰略的文獻，鮮少論及香港，作者身處香港，從在地人的視角，闡釋俄國與香港的互動。此外，作

者特別從資金避風港的角度，探究香港為何無法成為俄國在東方的塞浦路斯。

本書亮點之二，坊間論及俄國「向東轉」戰略的書籍，多偏重於東北亞安全局勢，本書則特別聚焦於東南亞，作者深入剖析新加坡個案，指出2018年新加坡已成為俄國的第四大外國直接投資來源國。若反觀俄國企業對新加坡市場，表現更為熱衷，2004年僅有14家俄企設點於新加坡，但到2018年，數量已超過650家。兩國何以取得如此亮麗的經貿成果，本書特詳加闡述。

本書亮點之三，探究當俄國「向東轉」戰略碰上美國「印太戰略」會激發出何種火花。作者認為普京提出的「向東轉」戰略，對新德里的重視不亞於對北京的關注，身處南亞大陸的印度，無疑扮演關鍵的腳色。本書更進一步指出，在區域層面上，俄印合作有助降低莫斯科對北京的依賴，可有效避免「向東轉」變成「向中國轉」。具體而言，克里姆林宮鼎力支持印度加入上海合作組織，正有「軟制衡」中國在中亞擴張之戰略意涵。

本書也談到俄國針對東亞地區的衝突熱點，所抱持的態度。作者認為莫斯科在朝鮮半島、台海、南海、加勒萬河谷等潛在衝突熱點，鮮有主動介入調停，非但未能扮演重要仲裁者，反而像是攪局人，更有甚者，則是以出售軍火，擔起「幕後玩家」的角色。

在本書中，作者對俄國的「向東轉」戰略，條分縷析，認為該戰略受限於四項結構性障礙，首先是，歐亞認同的身份局限；其次是，過去向亞洲發展的失敗經驗；第三是，過於糾結與美國的大國博弈；第四是，俄國遠東地區的發展定位模糊。作者進一步指出，倘若俄國「向東轉」的目標是企圖擴大在該

地區安全上的影響力及推動經濟產業升級，則該戰略的成效的確是不如預期。與此同時，作者回顧近年來克里姆林宮倡議的大戰略，不論是「向東轉」、「歐亞融合」或是「大歐亞倡議」，似乎總是口頭說的遠多於實際做的，雷聲大而雨點小，落實力道顯有落差。

　　綜上所述，極力推薦這本上乘的學術佳作，作者深厚的研究功力，流暢的行文，深入淺出的表達，跳脫學術文章讀來拗口艱澀的窠臼。本書的出版不僅為瞭解俄羅斯亞洲戰略的重要文獻，更是華文出版界的一大盛事，實屬讀者的莫大福氣。

魏百谷
台灣政治大學俄羅斯研究所副教授、前所長
兼國際事務學院副院長

引論

為甚麼關注俄羅斯「向東轉」？

> 當美國正在「重返亞洲」途中，我們已經在那裏了。
> ——俄羅斯駐美國大使Sergey Kislyak，2014年

2021年3月中國和俄羅斯兩國外交部長以全球治理為題發表聯合聲明，史上罕見。他們的共同主張包括「摒棄借人權問題干涉別國內政和搞雙重標準」、「民主模式不存在統一的標準。應尊重主權國家自主選擇發展道路的正當權利」、「國際社會應堅持踐行開放、平等、非意識形態化的多邊主義原則」等等，在在劍指美國強權。

2020年起新冠病毒疫情肆虐全球，導致世界經濟陷入停擺狀態，甚至呈現「去全球化」的趨勢。與此同時，美中緊張局勢持續發酵，新一輪地緣政治爭逐蔓延到東亞地區，牽連中印邊境糾紛、台海對峙、南海主權爭議升溫、朝鮮半島核危機僵持……等等。雖然中美「新冷戰」彷彿如箭在弦，但我們往往忽略了另一個重要的持分者——俄羅斯。近年克里姆林宮推動「向東轉」戰略，透過與亞太融合發展，跟東亞國家提升關係，將地緣政治重心從歐洲轉移至亞洲。

縱使今天俄羅斯的國力不可跟蘇聯時期同日而語，但仍然具有相當的國際影響力，足以左右東亞地區的政經局勢。俄

羅斯在東亞地區安全上相對能避免利益衝突，大可以扮演仲裁者角色，例如調解南海爭議各方的利益訴求；但與此同時，作為軍事強國，參照俄羅斯介入敘利亞、委內瑞拉和利比亞的行動，莫斯科也有能力成為東亞的攪局者，試圖損毀美國的利益。在經濟上，東亞國家對能源需求殷切，而俄羅斯依賴能源出口，雙方存在經濟互補性，當中跟中國的能源合作尤為顯著。近年東亞安全局勢愈見複雜，也促使性價比較高的俄羅斯武器獲得爭議其中的國家的青睞，包括印度、中國、越南和其他東南亞國家等，成為俄國軍火的主要買家。另一方面，在國際制裁影響下，俄羅斯難以獲取西方資金和先進技術，而東亞四小龍則有機會為俄國提供適切的替代品；比方說，莫斯科寄望香港或新加坡成為俄羅斯資金避風港，也希望獲得韓國建造液化天然氣船的技術。對於東亞國家而言，俄羅斯是潛在的軍事戰略平衡者和經濟合作夥伴，已非無足輕重的外來者。

俄羅斯對東亞的國際關係局勢潛藏可大可小的影響力，但論者對「向東轉」的重視程度見仁見智。作為俄羅斯「向東轉」的旗艦項目，每年在俄遠東海參崴舉行的「東方經濟論壇」匯聚東亞各國領袖，常見與會者向普京（Vladimir Putin）贈送高帽。日本前首相安倍晉三形容海參崴發展是他與普京的共同夢想（Ministry of Foreign Affairs of Japan, 2016）；中國國家主席習近平認為跟俄羅斯遠東合作是歷史機遇和時代潮流（新華社，2018）；印度總理莫迪（Narendra Modi）表示「向東轉」的視野務實，預視它將會成功（Ministry of External Affairs: Government of India, 2019）。不過在官方美言以外，西方智庫輿論對「向東轉」的發展態度甚為審慎。前白宮俄羅斯顧問希爾和澳洲洛伊國際政策研究所的羅鮑波曾於《外交事務》撰文表示，俄羅斯的戰略重心依然在西方，因為莫斯科缺乏足夠資源實現「向東轉」（Hill & Lo, 2013）；卡內基國際和平基金會的報告表達了

位於海參崴的俄羅斯島大橋，為2012年舉行的亞太經合組織首腦會議而建，是俄羅斯「向東轉」的里程碑。

相似觀點，認為俄羅斯的歷史、戰略文化和人口特徵均屬於歐洲，所以在亞太地區只能扮演旁觀者（Rumer et al., 2020）。

在烏克蘭危機之後，俄羅斯「向東轉」一詞大行其道（亦稱「向東看」、「轉向亞洲」、「轉向東方」），但其實克宮立意向亞洲發展始於普京上台之初，實在非一時之權宜之計。呼應着「亞洲世紀論」，普京於新千禧年出席亞太經合組織峰會前夕，撰文〈新東方展望〉表示「俄羅斯一直認為自己是歐亞國家，我們從未忘記俄國領土的主要部分在亞洲」（Putin, 2000）。八年後的金融海嘯促使俄羅斯開拓亞洲市場，以減輕對歐洲經濟的依賴。2011年普京開始倡議成立歐亞經濟聯盟，銳意成為歐洲與亞太的橋樑，旨在平衡俄羅斯在東西方的發展。翌年在莫斯科斥資200億美元提升遠東基建的努力之下，海參崴成功舉辦亞太經合組織峰會，標誌着俄羅斯認真走入亞洲。誠如2013年版的《俄羅斯外交政策構想》（2013）指出，全球政經重心正從

西方轉移至東方，俄羅斯「向東轉」為普京的長遠戰略，以尋求達致歐亞兼顧的外交政策，而烏克蘭危機是推進這戰略的催化劑。俄羅斯駐美國大使基斯利亞克（Sergey Kislyak）曾嘲諷說：「當美國正在『重返亞洲』途中，我們已經在那裏了」（Baker, 2014）。

　　梳理過俄羅斯「向東轉」的時間脈絡後，我們需要釐清其對象是亞洲，而不單純是「向中國轉」。2016 年版的《俄羅斯外交政策構想》闡述了亞洲政策的重點，包括與中國繼續發展戰略合作夥伴關係、與印度強化特殊戰略夥伴關係、與蒙古加強傳統友好聯繫、與日本建立睦鄰關係、與朝鮮和韓國維持傳統友好關係、與越南加強全面戰略夥伴關係、與新加坡展開全方位合作、與澳洲發展互利關係……等等。在首屆「東方經濟論壇」上，普京表示遠東地區將會成為俄羅斯的重點發展中心，而且應該融入於亞太地區的經濟活動（Kremlin, 2015）。此前，俄羅斯智庫瓦爾代國際俱樂部（Valdai Discussion Club）受政府委託為「向東轉」構建理論基礎，由克里姆林宮前外交顧問卡拉加諾夫（Sergei Karaganov）領銜製作和發表六冊 *Toward the Great Ocean*（或譯《前進大海洋》）研究報告。他倡議俄國政府應制定俄遠東發展策略，尤其是交通和物流網絡，同時強調「向東轉」是文明任務，透過把政治、經濟和文化重心從西方轉移至東方，讓俄羅斯重新擁抱歐亞兼備的雙重認同，變成歐洲—太平洋（Euro-Pacific）國家，在亞太地區擔當中美之間的平衡者（Karaganov et al., 2012）。中國無疑是莫斯科「向東轉」的首要對象，主因是兩國的戰略和經濟利益契合程度高，例如共同抗衡美國霸權及能源合作等。然而，俄中關係不是鐵板一塊，而且雙方無意締結軍事同盟，以免失去外交獨立性。目前俄羅斯在東亞依然保持外交彈性，可以向印度出售武器，跟越南在南海爭議海域開採能源，在台海衝突上保持中立，一切以自身最大利益為依歸。

有關俄羅斯「向東轉」的學術文獻，比較突出有The *Political Economy of Pacific Russia: Regional Developments in East Asia*，匯聚了多國專家探討俄羅斯遠東與亞太融合的具體機制，歸納出俄羅斯「向東轉」的政策制定和執行欠缺一致性（Huang & Korolev, 2016）；*Russia's Turn to the East: Domestic Policymaking and Regional Cooperation* 運用個案研究法來審視2014年後俄羅斯的遠東發展，以及跟與中國的政經合作，藉此探討「向東轉」是否早已發生（Blakkisrud & Rowe, 2017）。另外，俄羅斯學者 Alexander Korolev（2016）和 Maxim Bratersky（2018）分別認為俄羅斯向亞洲發展旨在抗衡美國霸權及打破西方世界秩序；澳洲新南威爾士大學榮譽副教授 Stephen Fortescue（2015）批評俄羅斯的官僚失責導致「向東轉」缺乏連貫性；美國戰略與國際研究中心高級顧問 Jeffrey Mankoff（2015）樂觀地判斷美俄在亞太地區仍然具備合作空間。一眾中國學者的觀點比較相近，認為「向東轉」代表俄羅斯更積極參與亞太事務，但並不意味會完全摒棄歐洲（李新，2013；趙華勝，2016）。

為了延伸上述研究成果及填補一些空白，本書嘗試對俄羅斯「向東轉」進行有條理的事態探討。對「後克里米亞時代」的俄羅斯與13個東亞國家（或政治實體）或與之利益攸關者的關係，進行個案分析，從而考察這戰略的成效。全書分為六個部分：第一章闡釋俄羅斯「向東轉」如何受到歐亞認同、美國因素、遠東發展和歷史淵源的影響，從而建構理解其「向東轉」戰略。之後按次區域劃分，以事態探討的進路（Issue inquiry approach）着手研判「向東轉」戰略的施行和東亞各國的對應。第二章就俄羅斯與中國關係進行「多層次分析」，從國際結構、國家、領袖和社會大眾層面摸索俄中關係的虛與實。第三章窺探俄羅斯的大中華觀，了解它與台灣和香港的關係；這是相關研究的嶄新嘗試。第四章審視莫斯科的東北亞戰略，如何經營或是重建跟日本、朝鮮、韓國和蒙古的關係。第五章梳理俄羅

斯在東南亞的外交進展，細看東盟、越南和新加坡如何應對其東亞戰略。第六章透過觀察莫斯科跟與印度和澳洲的微妙關係去明瞭俄羅斯對美國「印太戰略」的考量。

1

俄羅斯的東亞政策

在歐洲我們是韃靼人，而在亞洲我們是歐洲人。

——俄國大文豪杜斯妥也夫斯基，1881年

俄羅斯的東亞政策可以從四個角度剖析：國家認同、歷史脈絡、對美國的地緣政治、發展俄遠東區域的權衡。俄羅斯以歐亞大國自居，那麼歐亞主義如何解說「向東轉」的合理性？數百年來嘗試向東發展的經歷、結局，如何塑造這一波「向東轉」的脈絡？俄羅斯與美國一直視對方為主要戰略對手，「向東轉」包含了甚麼美國因素的盤算？俄羅斯要跟亞太融合，需要以俄遠東地區為基礎；克里姆林宮聲稱那是21世紀國家優先發展之本，但其實俄遠東面臨甚麼矛盾與挑戰？

地緣認同:「脫歐入亞」?

作為全球最遼闊的國家,俄羅斯坐擁 1,713 萬平方公里領土,當中約四分之三位於亞洲(以烏拉爾山脈為界),似乎理所當然地可以自稱為亞洲國家?俄羅斯是亞太經合組織(Asia-Pacific Economic Cooperation, APEC)、東亞峰會(East Asia Summit, EAS)、亞歐會議(Asia-Europe Meeting, ASEM)等區域組織的成員國,它的亞洲身份似乎也獲得國際認可?與此同時,俄羅斯的政治和經濟重心以及逾四分之三的人口,都集中在烏拉爾山脈以西的歐俄部分,而其歷史和文化也普遍地被認為較為接近歐洲。以俄羅斯總統普京為例,他操流利德語和英語,女兒曾移居荷蘭。有趣的是,普遍地亞洲和歐洲國家均視俄羅斯為非我族類,格格不入。

俄羅斯一直面對國家認同謎題,究竟是歐洲,亞洲抑或歐亞國家?它對亞太經濟融合有甚麼取態、跟東亞國家的貿易和投資往來呈現甚麼趨勢?在區域安全上的角色又能否滿足東亞國家的期望?

歐亞主義的迷思

俄羅斯的國家認同爭議由來已久,其中歐亞主義較具代表性和影響力。15 至 16 世紀,隨着拜占庭帝國的君士坦丁堡陷落,俄羅斯繼承「第三羅馬帝國」,篤信東正教,跟信奉天主教的西歐國家、伊斯蘭教的鄂圖曼帝國分庭抗禮。18世紀初,彼得大帝向西方國家取經,推行現代化改革,提升俄國的軍事和經濟實力,使它晉身強國之列。19世紀興起泛斯拉夫主義,鼓吹斯拉夫文化優越論,貶低西方文明,提倡俄羅斯應領導和團結斯拉夫民族。一戰結束後,古典歐亞主義冒起,強調俄羅斯非歐非亞,有條件自給自足,應走獨特的發展路線。蘇聯擁

聖巴西爾大教堂——俄羅斯「歐亞主義」文化最重要的象徵之一。

護共產主義，推動世界革命，拒絕採納國族意識強烈的歐亞概念。蘇聯解體後，新歐亞主義填補了俄羅斯聯邦的意識形態空缺，宣揚反西方思想和批評自由主義。

理論上，歐亞主義具有強烈排他性，俄羅斯視歐洲和亞洲國家均為「他者」，這難以理順它積極參與東亞事務的原委。然而普京的外交舉措講求務實和靈活性，重新演繹歐亞主義，將「非歐非亞」變成「亦歐亦亞」，將俄羅斯向東亞發展合理化。普京宣稱俄羅斯將成為歐洲和亞洲的橋樑，期望歐亞兼顧、左右逢源；他牽頭創建歐亞經濟聯盟，成員國包括白羅斯、哈薩克、吉爾吉斯和亞美尼亞，正要連繫歐洲和亞太經濟。1990年代末，俄羅斯前總理普里馬科夫（Yevgeny Primakov）也曾提出保持東西方外交的平衡，倡議「中俄印戰略三角」（RIC）合作，以減輕俄國對西方國家的依賴。今天克里姆林宮透過歐亞主義展示其東亞角色，凸顯俄國外交的務實和功利性，最終旨在重振大國地位（Rangsimaporn, 2006）？

烏克蘭危機後，俄羅斯的戰略重心轉移至東亞，但亞洲化真的是適切的發展方向嗎？法國學者拉洛爾（Marlène Laruelle）質疑俄羅斯向東轉對其文明發展無甚裨益，東亞國家不是合適的學習對象，無助俄國推動政治、經濟現代化（Laruelle, 2014）。俄羅斯國際事務委員會總幹事科圖諾夫（Andrey Kortunov）也認為俄國不宜仿傚中國模式，因為兩國存在人口和文化差異，但同時坦言目前克宮並無打算與西方合作，皆因管治菁英不急於追求社會和經濟現代化（Piirsalu, 2020）。另一種說法是在後烏克蘭危機時代，俄羅斯重建其例外主義（exceptionalism）：俄羅斯就是俄羅斯，不應從屬西方或亞洲世界（Trenin, 2019）。在中美新冷戰如箭在弦之際，俄羅斯如何保持大國地位，扮演平衡、獨立角色，尤為重要。

經濟發展「脫歐入亞」？

假如俄羅斯自稱看重跟亞洲鄰邦的關係，其外貿和投資結構能證明這種說法嗎？近年俄羅斯嘗試改變「重歐輕亞」的發展模式，在歐洲和亞洲之間取得經濟發展上的平衡。普京高調推動開發遠東，旨在改善國內地區發展失衡問題，同時協助俄羅斯加快亞太融合。多年來俄羅斯的經濟中心偏重歐俄，如莫斯科和聖彼得堡；海參崴（Vladivostok）近年急速發展，標誌其發展重心正在東移。遠東發展的成敗，能否成為亞太融合的橋頭堡，關乎俄國的國家利益，也將影響其國際聲譽（Kuhrt, 2014）。

雖然歐盟仍是俄羅斯的最大貿易夥伴，但近年俄羅斯與亞太國家的貿易額顯著增加。烏克蘭危機後，歐盟跟隨美國對俄羅斯實施經濟制裁，而俄國禁止歐盟食品進口作為反制措施，至今仍未解除。根據俄羅斯海關統計，在2010至2019年間，歐盟佔俄羅斯外貿總額的比例從49%下跌至42%，而亞太經合

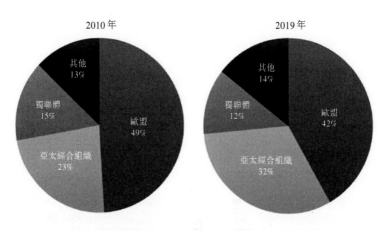

圖1.1　俄羅斯外貿總額（地區）

資料來源：Federal Customs Service of Russia, 2020

組織國家的佔比則從23%提升至32%，當中接近一半來自中國（Federal Customs Service of Russia, 2020）。俄羅斯主要向東亞國家出口能源和礦產，佔中國、日本、南韓的七成俄國進口貨；其次為軍備設施，主要售予印度和越南。

　　投資方面，歐美國家仍然主導俄羅斯的外來直接投資，而亞洲國家對在俄投資顯得有所避忌。西方制裁打擊俄羅斯金融行業，禁止俄國銀行在歐美市場融資，削弱其資金流動性，也造成資金外流。除了日本之外，東亞國家未向俄羅斯實施金融制裁，但它們對俄國的投資環境欠缺信心，憂慮法制不透明、貪污嚴重等弊端。根據聯合國貿易和發展會議的調查，俄羅斯外來直接投資的主要來源國為美國（8.9%）、德國（7.5%）和英國（7.1%），而中國和日本分別僅佔1.6%和1.4%（UNCTAD, 2017）。

　　近年亞太地區積極締結自由貿易協定，唯俄羅斯對之興趣不大。除了石油、重工業、核子科技等傳統產業外，俄企業普

遍在國際市場欠缺競爭力，難以受惠於亞太自貿協定（Tsvetov, 2017a）。因此，俄羅斯並無參與《跨太平洋夥伴關係協定》（Trans-Pacific Partnership, TPP）和《區域全面經濟夥伴關係協定》（Regional Comprehensive Economic Partnership, RCEP），而亞太自貿區（Free Trade Area of the Asia Pacific, FTAAP）也一直只聞樓梯響。以俄國為首的歐亞經濟聯盟，已經與越南和新加坡簽署自貿協定，但對俄中自貿區仍然採取審慎態度，擔心中國商品會拖垮本地市場。

有演好「局外人」角色嗎？

儘管俄羅斯強調其亞洲身份，但東亞國家仍然視之為外來者。旁觀者也好局外人也好，這角色如果演出得宜，其實對它亦不無優勢。俄羅斯在區內的利益衝突較少，適合擔當仲裁者角色，調解區域安全紛爭。隨着中美磨擦局勢升溫，俄羅斯與東亞諸國都寧願明哲保身，善用避險空間，避免在中美矛盾之間選邊站。但克宮表現如何呢？

由東盟倡導的東亞峰會，聚焦區域安全和長遠戰略發展，會內討論南海爭端等敏感難題。不過，俄羅斯自2011年成為成員國，普京長年缺席東亞峰會，以往只委派總理或外長出席會議，直至2018年才「破例」參與。俄羅斯的東亞政策向中國傾斜，損害其在東亞推行獨立外交政策的能力（Kireeva, 2012）。在涉及中國主權爭議問題上，究竟俄羅斯是否過於顧慮得失北京，反而犧牲其獨立性及其他東南亞國家的信任？

在朝鮮半島核危機上，莫斯科同樣未能發揮平衡者角色，惹來各方失望。中國、美國、韓國、朝鮮早於1997年在日內瓦舉行四方會談，唯俄羅斯被拒諸門外。及後，根據前俄羅斯駐平壤外交官透露，平壤邀請俄羅斯出席六方會談，期望俄國制

衡中國強勢，避免北京盡佔便宜（Toloraya, 2008）。然而，俄羅斯逐漸讓中國在這問題上扮演主導角色，除了因為朝鮮半島局勢對中國構成較大威脅之外，也反映俄中兩國地位不對等。近年朝鮮領袖金正恩多次外訪，先後會晤習近平、特朗普、文在寅等元首，此後才跟普京舉行峰會，是否反映俄羅斯在朝鮮核危機上不被重視？

左右逢源還是左支右絀？

俄羅斯的歐亞身份強調非歐非亞的獨特文明發展，是否意味其東亞政策純粹是權宜之計，只是在東西發展之間操作平衡之術？它對東亞事務略見活躍，只為外交姿態加添多樣化，而不是實際地「脫歐入亞」，外界不應抱有過高期望？歐亞主義是雙面刃，它將帶領俄羅斯在歐亞之間左右逢源，抑或變得左支右絀左右為難？

超脫歷史循環怪圈？

國際關係與歷史經歷密不可分，歷史為國際事務研究提供重要例證及歷史意識，把過去與現在的現象連接在一起。俄羅斯人民重視歷史，其外交政策亦具有重大的脈絡可循。美國哥倫比亞大學政治系教授Robert Legvold（2007）曾梳理出俄羅斯外交的歷史脈絡，包括：無固定邊界而衍生不安感、傾向專制獨裁多於現代化、繼承帝國遺產的國家認同、東西方的文明差異而引發恐懼。

其實普京的「向東轉」戰略其來有自，歷史上俄羅斯曾兩次進軍亞洲，只是最終敗陣而回。俄羅斯首個「亞洲時刻」要

哈巴羅夫斯克（Khabarovsk）鐵路站。原名伯力，位於黑龍江和烏蘇里江交界，鴉片戰爭之後清王朝將之割讓予沙俄。目前它是中俄兩國水陸路的交通樞紐，中國商品進入俄國的重要集散地。

追溯至沙皇尼古拉二世時代，始於興建西伯利亞鐵路，止於日俄戰爭戰敗。冷戰時期，蘇聯把亞洲變成世界革命的試驗場，拉攏了中國、朝鮮、越南等同志，跟美國為首的資本主義陣營對圓，但後來逐漸在東亞喪失地區影響力。這些歷史因素將會如何影響俄羅斯當下的亞洲政策以及跟東亞國家的關係發展？普京會汲取教訓，擺脫歷史循環怪圈？

「白沙皇」帝國擴張夢碎

19世紀沙皇帝國銳意在東亞擴展影響力，是為俄羅斯首個「亞洲時刻」。在克里米亞戰爭（1853至1856年）中，沙俄不敵英國、法國和鄂圖曼聯軍，間接促使俄國轉向東方擴張，致力挽救其大國威望。沙俄於第二次鴉片戰爭扮演調停角色，協助雙方斡旋，藉此與清廷簽訂《璦琿條約》和《中俄北京條約》，從

而侵佔了阿穆爾河（即黑龍江）流域領土，包括符拉迪沃斯托克（即海參崴）。由此，俄羅斯成為侵佔最多中國領土的國家，共奪取了近150多萬平方公里土地，至今大部分仍未歸還。與此同時，斯拉夫主義在俄羅斯國內興起，對18世紀初彼得大帝崇尚西方主義的歐化改革展開抨擊。斯拉夫主義者認為，俄羅斯不全然是歐洲國家，而且與集體主義等亞洲價值有契合之處，這進一步理順俄國向東擴張。

末代沙皇尼古拉二世對亞洲情有獨鍾，具備向東擴張領土的野心，但俄國始終未能在東亞站穩陣腳。在登基前他曾擁有東方壯遊經歷，到過印度、錫蘭、新加坡、中國和日本。他視拉薩為「亞洲的羅馬」，立志要把西藏、新疆和蒙古納入帝俄版圖。對尼古拉二世而言，俄羅斯在亞洲肩負文明使命，而他將會化身「白沙皇」拯救古老落後的東亞國家（Laruelle, 2008）。有別於西方帝國，假如西藏願意臣服於俄羅斯，尼古拉二世承諾會尊重當地佛教文化。他也接納了財長維特（Sergey Witte）的建議，興建橫跨歐亞大陸的西伯利亞鐵路，將莫斯科與海參崴連接起來，也標誌着俄羅斯與亞洲結合。隨着清帝國與日本爆發甲午戰爭，沙俄以保護前者為藉口乘機入侵滿洲，跟日方爭奪東北地區為勢力範圍，日俄最終也難免一戰。後者意外戰敗，失去旅順港和部分庫頁島的控制權，也可說是引爆了1905年俄國革命，沙皇的東亞擴張夢碎。

蘇聯「世界革命」試驗失敗

蘇聯建立初期，以推動世界革命為外交目標，唯列寧認為亞洲各國缺乏革命潛力。然而隨着共產革命在德國、匈牙利、波蘭等歐洲國家相繼失敗，辛亥革命卻成功推翻清廷統治，列寧改變想法，嘗試在亞洲推展世界革命（Heinzig, 1983）。共產國際對日本特別感興趣，因為它擁有雄厚的工業基礎；而儘管中

莫斯科國立大學 —— 促成蘇聯變天的戈爾巴喬夫總統畢業於此。

共依靠農民起義，但蘇聯對中國發揮的影響力更為顯著（Weiner, 1996）。這或歸因於日本的共產主義運動缺乏反帝國主義要素，而共產國際亦高估了日本勞動階層的革命潛力。日本共產黨被政府列為非法組織，反而共產國際可以派遣大量顧問留駐中國。不過，儘管史太林向中國共產黨提供武器、經費和革命策略，但始終未能使中共完全臣服於蘇聯，皆因毛澤東不甘受制於此，決心成為國際共產主義運動的領袖。

　　冷戰時期蘇中交惡，但即使莫斯科與印度、越南、蒙古等加強合作，蘇聯在亞洲的影響力難言是獨佔鰲頭。1979年底蘇軍入侵阿富汗，阻止喀布爾自其股掌掙脫，以保留蘇聯力量直接通往印度洋的門戶。然而，蘇軍在阿富汗泥足深陷於游擊戰，人命傷亡慘重，軍費耗損龐大，十年後最終無奈撤軍，拖累蘇聯的管治沉重得舉步維艱。在這國際形勢下，戈爾巴喬夫提出「新思維」，對亞太地區的戰略新目標包括跟中國和解，也嘗試與日本和韓國等非共產國家開展關係。莫斯科的態度是淡化軍事和意識形態色彩，強調經濟發展，展現靈活彈性的外

交手段（Young, 1988）。到蘇聯末期，儘管戈爾巴喬夫訪華以實現蘇中關係正常化，但莫斯科同時疏遠了其他亞洲盟國（例如從越南、老撾等共產國家大量削減資助），最終面臨進退失據的局面。

況且，戈爾巴喬夫也沒有跳出其他前蘇聯領導人的思想桎梏，仍然看重要跟美國競爭，想方設法要削弱它的亞洲影響力。他提出構建亞洲集體安全體系，試圖將美國拒諸門外，這始終難以獲得大多數東亞國家支持。雖然他的新東亞思維強調經濟元素，但軍疲財困的蘇聯已經難以用老舊招數在東亞有效擴張影響力，莫說足以動搖美國的支配地位。

「向東轉」：東亞國家冷眼觀望

蘇聯解體後，新俄羅斯的前總統葉利欽（Boris Yeltsin）推動「全盤西化」，外交上鮮有重視亞太地區，或只偏心關注東北亞。他的「休克療法」經濟改革遇上諸多阻撓，對日本的經濟援助需求殷切，曾經承諾歸還北方四島以求東京好感，卻惹來國內政敵久加諾夫（Gennady Zyuganov）大肆抨擊，俄遠東地區威脅爭取獨立，葉利欽最後基於選情而對日失信。即使冷戰已經結束，莫斯科保守派仍然沒有放輕軍事考量，依舊視日本為安全威脅、美國的附庸。

歷史彷彿在不斷重複，隨着俄羅斯與西方的融合遇上障礙，克里姆林宮逐漸將戰略重心重新轉移至亞洲，促成前總理普里馬科夫和普京等歐亞主義者走到前台。在普京治下，俄羅斯矢志重拾昔日大國地位，其外交政策又再一次立意涵蓋亞洲。

美國歷史學者Chris Miller（2020）研判，俄羅斯「向東轉」很可能重蹈歷史覆轍，因為這不過是權宜之計，與西方關係破

裂之後的次選方略，而克里姆林宮對亞洲的經濟機遇也過於樂觀。換言之，當俄羅斯與西方修好，對亞太地區的關注自會此長彼消。觀乎300年來俄羅斯向亞洲發展的迂迴，不少東亞國家也許贊同這套論說，相信它的地緣政治重心始終緊扣於歐洲。若果克里姆林宮希望扭轉東亞國家這種冷眼觀望的態度，就需要用積極行動來證明，不再容許「向東轉」淪為空頭支票。

美國因素與地緣政治

烏克蘭危機之後，西方國家對俄羅斯實施制裁，跟美國關係破裂。今天我們談論俄羅斯與美國的亞太合作，彷彿是空中樓閣。不過，烏克蘭危機爆發之前，美俄合作曾短暫引起熱議，尤盛於學術界和戰略分析界。當時的國際脈絡是：美國奧巴馬政府上任後提出「重置」美俄關係，與時任俄國總統梅德韋傑夫（Dmitry Medvedev）政府合作；金融海嘯後俄羅斯積極進軍亞洲市場，提倡現代化的梅氏於2010年提出太平洋戰略；翌年華盛頓推出「亞太再平衡」戰略，矛頭直指中國。俄羅斯與美國在亞太地區的利益衝突相對較少，畢竟亞太不屬於俄國的勢力範圍，兩國理應較易調和利益（Lukin, 2012）。

究竟俄美的亞太合作有甚麼誘因？為何迄今還未成真？美國因素如何影響俄羅斯的東亞政策？

中國崛起：美俄合作契機？

2010年代初，美俄學者都嘗試探討雙方合作的戰略動機，特別為了應對中國崛起。俄美短暫合作以防範共同威脅，歷史上有例可援。1860年代俄羅斯將阿拉斯加賣給美國，以免大英

帝國勢力擴張乘機佔領這片土地。交易達致雙贏之局——俄羅斯獲得戰略緩衝區，同時有助美國進軍亞太地區。第一次世界大戰結束後，美國要求日軍撤出西伯利亞，以免日本乘機坐大，間接協助蘇聯收復遠東領土。二戰時期美國總統羅斯福認定納粹德國比蘇聯構成更大威脅，於是向史太林政府提供援助，共同抗戰。今天中國崛起或將改變全球秩序，俄羅斯與美國再度攜手，正是因勢利導？

　　克里姆林宮對中國崛起憂喜交加：俄國經濟受惠於中國急速增長，但兩國關係失衡引起前者不安。在2000年代，中國經濟維持雙位數增長，對石油需求殷切，刺激國際油價攀升，帶動依賴能源出口的俄羅斯經濟復蘇。然而，俄羅斯與中國實力此消彼長，關係愈見不對等。克宮恐怕成為同盟的小夥伴（junior partner），豈會對中國崛起毫無忌憚？俄中貿易失衡，克宮深明對中國經濟依賴的惡果，只是對中國的經濟滲透苦無對策（Blank, 2010）。莫斯科嘗試與其他東亞小國加強聯繫，正是要減輕對中國的依賴，但它們的實力始終有限（Mankoff, 2015）；目前俄國與中國、韓國和日本的雙邊貿易額分別是16.6%、3.7%和3%（Federal Customs Service, 2020）。若然俄羅斯決心在東亞提升地位，爭取獨當一面，應否考慮多向美國靠攏，挪動更多遊走空間？

　　作為亞太霸主，華盛頓擔憂中國崛起將挑戰美國的主導地位，觸發全面戰爭。早在希拉莉擔任國務卿的年代，已經不諱言對華關係是美國外交的重大挑戰，太平洋國家對中國意圖存有猜測和疑慮（Clinton, 2011）。事實上，中國積極推動軍事現代化、在南海修建人工島、在東海劃設防空識別區，周邊地區局勢日益緊張。奧巴馬政府對中國的不公平貿易行為提出警告，如向汽車出口商提供補貼、竊取知識產權、強制技術轉讓等等，將損害美國的經濟利益和核心價值。華府當然也介意北京籌謀推動排除美國在外的多邊經貿合作機制，例如《區域全面經濟夥

伴關係協定》，由東盟與中國、日本、韓國、紐西蘭、澳洲、印度等16國組成，試圖瓦解美國構建的自由主義經濟秩序。

俄美矛盾：結構性還是思想性的？

俄羅斯與美國同樣忌憚中國崛起，問題關鍵在於華府是否需要莫斯科的幫助？在有關「亞太再平衡」戰略的重要聲明中，奧巴馬政府絕口不提俄羅斯，答案似乎已呼之欲出。美國未視俄羅斯為亞太戰略部署的合作夥伴，其亞太軍事部署倚賴多重雙邊合作，由菲律賓、日本、澳洲、韓國、泰國組成「扇形」戰略架構以圍堵中國。「亞太再平衡」戰略蘊含四大目標，包括跟中國保持交往、與日本聯手抗衡、解決朝鮮核問題和建立《跨太平洋夥伴關係協定》(Cha, 2016)。俄羅斯不是上述政策的持分者；即使在朝鮮核危機上，俄國早已退居次席。歸根結底，對東亞發展俄羅斯多年來開的都是「空頭支票」，在區內事務始終站不住腳，自然不被美國重視(Mankoff & Barabanov, 2013)。弔詭地說，俄羅斯要在東亞發展而缺少美國的協助，是否也注定難有作為？

美國不需要俄羅斯幫忙，其實莫斯科又是否熱衷於協助美國呢？俄羅斯始終視美國為頭號勁敵，不願犧牲跟中國的友好關係以助美國維持霸主地位。對於奧巴馬政府推出「亞太再平衡」戰略，俄羅斯的反應也未見熱烈，皆因克里姆林宮相信這政策主要旨在圍堵中國(Herrly et al., 2013)。即使是俄羅斯的管治菁英也對跟美國合作心存顧慮，雙方缺乏整體互信。

冷戰後兩國多次尋求重建關係，但一直苦無成果。俄美存在結構性矛盾，華府拒絕視前蘇聯地區為俄國的勢力範圍，堅持北約東擴，積極推廣自由民主，釀成多場「顏色革命」(Rumer & Sokolsky, 2019)。再者，美國宣佈「重返亞太」前

後，俄羅斯跟美國捲入多宗外交紛爭，如利比亞危機、普京重當總統、斯諾登事件等等。長遠而言，莫斯科憂慮美國「亞太再平衡」戰略加劇地區緊張局勢，被迫要在中美之間選邊站。

東亞多邊合作：俄對美的權宜

烏克蘭危機加速俄羅斯向東亞發展，莫斯科落力跟中國加強關係以擺脫國際孤立困局。美國是否間接將俄羅斯推向北京陣營，增強了中國的地緣政治實力，犯下嚴重戰略錯誤？從戰略角度而言，即使美國未能拉攏俄羅斯，也應該避免俄國與中國結成軍事同盟（Stent, 2020）。特朗普政府有意跟普京改善關係，「聯俄抗中」呼聲一度鵲起，但其「印度─太平洋戰略」（簡稱「印太」）似乎同樣忽略俄羅斯；莫斯科就批評印太戰略不過是重塑冷戰的二元對立格局，使俄國在東亞的外交空間收窄。除了中國，俄羅斯積極與其他東亞國家提升關係，倡議印太地區以東盟為中心，嘗試拓寬開放性、包容性和外交彈性，但都碰上合作的瓶頸位。日本、印度和東盟同為美國盟友，美國因素有多大程度影響它們與俄羅斯合作？

克里姆林宮還有何良策跟它們尋求外交突破？依照近年美中對抗之局，俄羅斯可以逍遙於北京陣營之外，享有外交獨立自主嗎？矢志為俄國重拾大國地位的普京不妨反思，俄羅斯的東亞政策會否過於關注大國政治而忽略區域形勢，忽視跟美國的策略性緩和？建立區域多邊安全機制、推動核不擴散等等都是東亞諸國的共同願景，這些議題也可成為美俄從競爭到合作的踏腳石。俄羅斯難以徹底改變對美關係，但不應放棄權宜合作的機會。莫斯科需要認清實力已經不復當年，東亞多邊合作似乎更能避免自身聲音被忽視，得以跟東亞國家同行，在中美之間尋求外交空間。而這一切都需要克宮先放下「霸主」的包袱、「逢美必反」的思想。

俄遠東發展的決心與利弊

自1960年代蘇聯與中國交惡後，俄羅斯遠東成為軍事禁區，禁絕邊境交易。那裏予人的感覺落後荒蕪，其實蘊藏豐富天然資源，可惜因為基建和投資嚴重不足而未能充分發展其潛力。2006年俄羅斯總統普京指出，遠東地區發展滯後對俄國的亞太戰略和國家安全構成威脅，倡議制定遠東綜合發展戰略。近年俄羅斯戰略重心向東轉，以遠東地區為橋頭堡。2012年港口城市海參崴舉辦亞太經合組織（APEC）峰會，似乎標誌克里姆林宮推動遠東發展和亞太融合的決心。

俄羅斯遠東歷盡內憂外患，普京的遠東發展戰略重塑了地區穩定，但經濟發展未見突破。看普京如何化解開發遠東的矛盾和爭議，也是了解俄羅斯向亞太融合的決心。

重塑東部邊境安全

蘇聯解體後，俄羅斯遠東曾短暫體驗地區自治和經濟自由化，但地區發展未能突破之餘，還構成國家安全威脅。1990年代中央政府面對憲政危機，葉利欽政府與個別地方政府簽訂雙邊條約，試圖以地區自治權換取政治忠誠，此急功近利之策造成中央—地方權力失衡，分離主義抬頭。

以車臣獨立為例，俄羅斯與之爆發兩場血腥戰爭才重奪該共和國的控制權。葉利欽時期，遠東政府時有跟中央發生衝突，唯地方菁英志在討價還價爭取個人利益，鮮有真心真意積極鼓吹分離主義（Alexseev & Troyakova, 1999）；但它們跟中央關係疏遠，老百姓感覺被遺棄，其獨立意圖惹克里姆宮疑慮，隨時步車臣之災後塵。

泛西伯利亞鐵路海參崴站——俄羅斯打通東北亞關係的重要門戶。

　　葉利欽政府推動「休克療法」改革失敗，帶來經濟危機，重創國家財政，對地區的撥款也得大幅削減。在蘇聯的計劃經濟制度下，遠東地區長年依賴莫斯科的經濟補貼以維持區內天然資源開發。經濟困境令遠東地區被迫自食其力，與美國、日本、中國等鄰近亞洲國家加強經貿往來。經濟自治以失敗告終，造成掠奪性開發、貪污加劇、跨國犯罪猖獗等弊端（Lukin & Troyakova, 2012）。

　　在普京治下，遠東發展強調主權穩定，同時兼顧經濟發展。它肩負起「雙重融合」（dual integration）的重任，既要與莫斯科加強聯繫，又要協助國家融入亞太地區（Trenin, 2011）。普京建立「垂直權力」（power vertical）體系，透過行政、財政、司法手段，將地方政府的權力收歸中央（Sakwa, 2008）。莫斯科採取外貿限制措施，打擊俄中之間的「穿梭」貿易，又對進口車輛徵收禁止性關稅，不容遠東政府擅自與其他亞洲國家打

交道。普京掌權後，俄羅斯經濟復蘇，克里姆林宮重新主導遠東發展，如設立遠東發展部和遠東發展基金，推動大型基建工程，與亞洲鄰邦接軌。

人口危機與「中國威脅論」

自蘇聯解體以還，俄羅斯遠東陷入人口危機，削弱經濟發展，也掀起「黃禍論」的恐懼。對俄羅斯而言，遠東就好比預留給未來的土地，擁有龐大發展潛力；當歐洲俄羅斯人口過剩時，人們將逐漸移居至俄遠東地區（Bliakher & Vasileva, 2010）。然而根據俄國聯邦統計局的資料顯示，遠東人口流失了五分之一，從1989年的795萬人銳減至2010年的629萬人；當中逾八成為移民外流，只有13%屬於自然流失（Rosstat, 2002, 2010; Motrich, 2011）。遠東地區的老百姓選擇遷往歐俄或鄰近亞洲國家以尋求發展機會和改善生活條件。俄羅斯遠東發展滯後，驅使居民遷移外地，而人口大量流失衍生勞動力不足問題，約束經濟發展，造成惡性循環。

為了解除人口危機，中央政府提供各種經濟誘因吸引國民遷至遠東地區，例如向國民免費發放一公頃的遠東土地、為遠東居民提供低息按揭、向往返遠東的航班提供補貼等等。不過，老百姓大多拒絕移居遠東地區，皆因當地基建落後、生活條件惡劣，而政府似乎無意解決這些核心問題（Goble, 2018）。

鑒於俄羅斯人不願到遠東工作，當地政府選擇輸入外勞以彌補勞動力不足，包括大批中國廉價勞工。1990年代，在地方政客煽動下，遠東老百姓認為中國對當地構成威脅，擔心中方會入侵西伯利亞。隨着中央政府介入，加強邊境與移民管制，加上跟中國合作確實可以帶來實際經濟利益，「黃禍論」不再太過大行其道（Sullivan & Renz, 2010）。

根據俄聯邦統計局的數據，2010年僅有29,000名中國人居於俄羅斯遠東，佔當地人口不足1%（Rosstat, 2010）。中國對那裏的威脅不宜高估，畢竟俄羅斯市場薪酬欠吸引力、經濟步入衰退，中國人赴俄工作的意欲下降（Tselichtchev, 2017）。反過來說，俄羅斯政府需要吸引更多中國投資參與遠東開發，避免兩地經濟差距愈拉愈遠。

不過，國際輿論也有一些跟上述分析不一樣的觀察。莫斯科通過對聯邦各地區實行不同的移民配額來限制外國人流入，於是官方能掌握合法移居者的數據，但無證勞工呢？英國廣播公司（BBC）俄語組2019年一篇報道引述一位阿穆爾州（Amur Oblast）的農民透露，儘管當地實行零移民配額，但他那裏就僱用了大約1,000名無證中國人務農。報道說，遠東地區根本就沒有官方統計的無證勞工人數。另一方面，BBC根據俄羅斯國家土地登記部門的數據統計出中國人在俄遠東地區擁有或租賃的土地至少有35萬公頃，約佔當地220萬公頃農業用土地的16%。記者相信在與中國接壤的五個遠東地區，農場實際上被中資「接管」的比例遠高於此（安德烈•扎哈羅夫等，2019）。

遠東發展的利害與抉擇

近年克宮聲稱國家的發展方向東轉，其亞太政策以中國為重心，觸發「中心—邊陲」的憂慮。克宮從地緣政治角度出發，認為俄中合作有利對抗美國的亞太霸業，也避免自身在亞太融合中被邊緣化。更何況俄遠東與中國經濟的互補性強，以俄國的天然資源換取中國的龐大勞動力，應可形成雙贏局面。

然而，俄遠東作為前沿地區，社會民生飽受中國衝擊，雙方的民間交往時有發生矛盾，例如中國旅客聲稱海參崴是中國

領土，就冒犯了當地居民的感情（Higgins, 2016）；俄羅斯科學院2017年的一項調查也顯示，超過三分之一的受訪者認為中國的對俄政策是「擴張」，近一半人認為中國威脅到了俄羅斯的領土完整，三分之一的人認為它威脅了俄國經濟發展（安德烈•扎哈羅夫等，2019）。地方菁英因而主張擺脫依賴中國，尋求與其他亞太國家提升關係。簡言之，莫斯科關注國家安全，而俄遠東本地菁英則考慮平民百姓的福祉（Christoffersen, 2009）。決策上，克宮權力或可凌駕一切，但調和地方利益將有助政策更好地落實。

俄遠東要融入亞太經濟，必須在傳統或創新路線之間確立清晰定位。俄羅斯蘊藏豐富天然資源，發展能源產業具備先天優勢，而亞洲國家對能源需求殷切，兩者充滿合作空間，普京也矢志要俄羅斯成為能源大國。但有評論質疑俄國最終會淪為中國的原材料附庸國，無法擺脫過度依賴能源的經濟結構（Kuteleva, 2018）；而且該地區的能源運輸網絡百廢待興，又欠缺先進開採技術，不利長遠產業發展。

前總統梅德韋傑夫為首的自由派一度提倡經濟現代化和發展高科技產業，但一直只聞樓梯響。西方國家在高科技領域領先全球，俄羅斯要升級產業，無可避免要與之合作，其亞太策略也應靠攏日本、南韓和台灣等亞洲高科技重鎮。可惜最近它與西方交惡如此，要在遠東地區推動高科技產業毋寧是巧婦難為無米炊？那裏的發展實在左右為難（Kuhrt, 2012）。

俄羅斯遠東發展具有雙重意義，包括地緣政治野心和未來發展的願景。普京許下眾多遠東開發的承諾，但成果一直未盡人意。俄羅斯聯邦統計局的資料顯示，過去20年俄遠東地區的地區生產總值（GRP）僅維持在全國總額的6%（Rosstat, 2020）。如此這般的雷聲大雨點小，難免惹人質疑其「向東轉」戰略和亞太融合的決心。

2

中國

　　無可避免地，「向東轉」以中國為重心。本章從國際社會、國家、領袖和社會層面探究俄中關係。俄羅斯與中國的地緣戰略、軍事和能源合作如火如荼，但為甚麼雙方結盟與否卻一直不為列強所慮？中國崛起被美國領袖和輿論描述得彷如草木皆兵，在國際媒體面前莫斯科往往顯得處之泰然，是因為在國力漸趨不對等下俄羅斯只有借風之意而無爭雄之心？抑或在明修棧道暗渡陳倉？俄中媒體經常形容普京與習近平情同兄弟，這對發展兩國關係的作用是務實的多還是務虛的多？從考察兩國的民眾和文化交流，或可對雙方關係有更立體的了解。

結伴不結盟

新冠肺炎疫情令原本處於休戰狀態的美中貿易戰變本加厲，並燃燒到金融、科技和地緣政治的方方面面。當後者受到前者指責時，俄羅斯往往以中國的堅定支持者姿態出現。例如2020年5月在北京舉行的全國人大記者會上，中國外長王毅聲稱：「疫情發生以來，習近平主席同普京總統多次通話，在主要大國中保持了高水平的戰略溝通……雙邊貿易逆勢增長，中方自俄進口增速在中國主要貿易夥伴中排名第一。面對個別國家的無理攻擊與抹黑，雙方相互支持，彼此仗義執言，成為政治病毒攻不破的堡壘，體現了中俄高水平的戰略協作」。中俄即將結盟之說又再甚囂塵上。

早年有分析質疑俄中合作只是「權謀之合」(Axis of convenience)，充滿機會主義色彩(Lo, 2008)。然而觀乎近年俄中的合作，尤其在地緣政治協作、軍事互動和能源互利的深度和闊度，都反映兩國關係進入新階段，上述說法似乎過於簡化。不過，雙方又為何無意結成軍事同盟？進一步合作的瓶頸在哪裏？

豈止於「權謀之合」

俄羅斯與中國同意將歐亞經濟聯盟與「絲綢之路經濟帶」對接合作，共同推動歐亞融合。普京倡議建立歐亞盟，旨在鞏固俄羅斯在前蘇聯地區的影響力，防止西方世界向東擴張勢力；習近平提出「絲綢之路經濟帶」，標誌中國「西進」，將利益拓展至中亞和歐洲國家，打破美國的圍堵政策(Sakwa, 2014；王義桅，2015)。

儘管兩者都旨在回應西方的挑戰，搞不好卻有可能觸發地緣政治衝突，因為俄羅斯一直視中亞為其勢力範圍。普京與習近平嘗試將二者的個人政治雄圖結合，避免互相競爭，也許能減輕地緣政治風險。與此同時，北極蘊藏豐富天然資源，俄羅斯視之為長遠經濟發展目標，積極加強區內軍事部署以保障重大戰略利益；俄方邀請中國參與北海航道和北極開發，共建「冰上絲綢之路」，也標誌兩國戰略合作提升至更高水平。

　　另一方面，俄羅斯與中國展開航天和軍事技術合作，以協助後者軍事現代化。2019年普京曾經透露俄方正幫助中國建立導彈預警系統，而目前只有俄國與美國擁有這種技術（Tass, 2019a）。中國的防禦系統發展仍未成熟，依賴進口俄製反導系統，面對美國的核威脅時顯得力有不逮，處於戰略劣勢。導彈預警系統是中國核威懾力量的關鍵，由遠程警戒雷達和衛星組成，能防禦美軍的洲際彈道導彈攻擊，提升中方的攔截和反導能力。中國長年奉行「核模糊」政策，但在預警系統興建過程中，俄方能藉此窺探其防禦系統的水平（Stratfor, 2019）。這正反映兩國具備充分戰略互信，不再視對方為軍事威脅。近年兩軍互動頻繁，加強作業互通能力，軍事夥伴關係又踏前一步（Kashin, 2018）。舉例說，俄軍與解放軍曾共同參與「東方–2018」和「中央–2019」反恐演習，地中海、南海、東海海上軍演和亞太空中巡邏。

　　近年俄羅斯制定新能源戰略，推動出口多樣化，積極開展亞洲市場，特別跟中國企業合作。2013年俄羅斯石油公司（Rosneft）與中國石油、中國石化簽署多項協議，包括對華石油出口自2018年起增至每年3,000萬噸、獲得中方貸款200億美元、擴建「東西伯利亞—太平洋石油管道」、成立合資企業開發東西伯利亞、在天津共建煉油廠等等。然而，俄中兩國能源關係難言平等，因為中國的石油進口來源多元化，自然有較

多談判籌碼與俄方討價還價（Poussenkova, 2013）。根據美國能源訊息署（EIA）的分析指出，在中國原油進口來源地中，石油輸出國家組織成員國（OPEC）佔比55%，而俄羅斯只佔總額的15%（Barron, 2020）。俄羅斯天然氣公司（Gazprom）與中石油於2014年簽署為期30年的協議，透過「西伯利亞力量天然氣管道」向中國每年供氣380億立方米，這合作項目談判拉鋸多年，皆因其投資回報率存疑，最終需要兩國政府施壓方能促成協議。天然氣合約條款對中方有利，顯示俄方作出較大讓步。除了國際局勢使然外，俄羅斯矢志向東發展，力圖開拓歐洲以外的市場，而中國對環境污染愈見關注，尋求較潔淨能源，都驅使兩國在天然氣合作尋求突破（Skalamera, 2018）。

軟制衡：重塑全球權力平衡

現實主義的權力平衡理論相信，當大國之間出現權力失衡，弱國將增強自己實力，或與他國結盟，藉以制衡強國和保障國家生存，重塑權力平衡之局（Morgenthau, 1948）。冷戰後美國成為唯一超級大國，主宰國際秩序，新現實主義者認為隨着美國的霸權行為對他國構成嚴峻威脅，但跟崛起國的相對實力呈現差距收窄，就勢必招致制衡行為（Waltz, 2000）。以俄羅斯和中國經濟為例，過去20年期間兩國的國民生產總值分別增長近6倍和11倍，而美國只增加了一倍（World Bank, 2020）（見圖2.1）。經濟增長帶動軍事力量發展，俄中正是藉此推進軍事改革。

與此同時，美國與俄羅斯和中國的磨擦持續發酵，造成前蘇聯、東亞局勢動盪，對兩國構成安全威脅。美國帶領北約向東歐擴張，批准格魯吉亞和烏克蘭加入北約，觸發2008年俄格戰爭；奧馬巴政府推出「亞太再平衡」戰略，旨在遏制中國的戰略發展空間。美國在全球推廣自由民主，與威權管治形成意

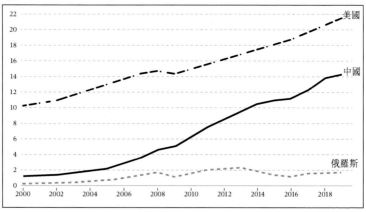

圖2.1　2000–2018年美國、中國、俄羅斯國民生產總值

萬億（美元）

資料來源：World Bank, 2020

識形態之爭，衝擊俄羅斯和中國的政權安全。莫斯科批評美國在前蘇聯國家推動「顏色革命」；北京則抨擊美國干預內政，介入香港和台灣局勢。

　　隨着美國霸權對俄中兩國威脅漸增，國力卻又有此消彼長之態，俄羅斯與中國的合作愈趨頻繁，這是全球權力結構轉變的產物，兩國冀能產生協同效應，抗衡美國霸權的單極世界秩序。然而跟現實主義的預測不同，俄中始終無意締結軍事同盟，雙方合作更貼近「軟制衡」，透過非軍事手段、組成非正式聯盟，以約束美國的霸權行為（Paul, 2005）。以最近的疫情為例，牛津大學互聯網研究院院長 Philip Howard 的研究透露，來自國家支持的機構散佈關於新冠病毒的不實信息中，多達92%來自俄羅斯和中國；他們也在傳播一種敘事，即民主國家正在走向失敗，缺乏抗疫的能力和意志；一位加拿大政府的前任安全分析員直接形容這種信息對抗為「觀念和意識形態的戰爭」（BBC News中文，2020a）。

俄中同床異夢？

2020年底，普京參與瓦爾代國際俱樂部（Valdai Discussion Club）時表示，不會排除俄中結盟的可能性（Kremlin，2020b）。同時，北京聲稱跟俄羅斯發展「新時代全面戰略協作夥伴關係」，將兩國關係提升到前所未有的高度。然而，俄中關係時有出現分歧矛盾、忽冷忽熱，時或令人摸不著頭腦。例如俄羅斯聲聲支持中國抗擊新型冠狀病毒，但同時率先對華全面封關；俄羅斯向中國出售S-400防空導彈和蘇-35戰機等先進武器，卻又將同等級別武器售予中國的宿敵印度；俄中海軍在南海舉行聯合軍演，但俄羅斯在南海問題爭議上往往保持「中立」，甚至幫助越南石油公司在爭議區域鑽探石油。

2019年中國國防部發佈的白皮書重申：「中國堅持結伴不結盟，不參加任何軍事集團。」（新華社，2019b）兩國無意結盟，皆因雙方各自有內部問題要處理。新古典現實主義補充，除了結構性因素之外，國內政治因素如政治體制、決策者認知、戰略文化等等，同樣影響國家行為。俄羅斯學者指出，俄中發展模式的差異、負面的歷史記憶和戰略利益迴異，都成為兩國結盟的重要障礙（Korolev & Portyakov, 2018）。

在全球經濟分工下，俄羅斯依賴能源經濟，處於全球產業鏈的下游，但中國無意大力協助俄國推展工業化，造成兩國貿易嚴重失衡。中國民族主義情緒高漲，對於跟俄羅斯簽訂過「不平等條約」耿耿於懷，認定俄國佔盡中方便宜，掠奪中國東北領土。北京對俄羅斯入侵格魯吉亞和吞併克里米亞保持緘默，皆因「絲綢之路經濟帶」要向東歐伸展，免得觸怒沿線國家；即或如此，在南海爭端上俄羅斯同樣表現騎牆，避免得失任何一方，影響其「向東轉」戰略。俄羅斯科學院遠東研究所代理所長Aleksey Maslov認為，中國的「一帶一路」跟俄羅斯正

在醞釀自己的「大歐亞」全球策略有重疊（尤其在中亞地區），始終不利於雙方進一步結盟（BBC News中文，2020a）。

其實，俄中兩國結伴不結盟，正為保留外交靈活性，更符合自身的國家利益。俄中在諸事的立場未盡一致，唯兩國鮮有公開批評對方，而且盡量緩和對方憂慮。即使俄羅斯與中國沒有正式結盟，但兩國軍事合作已然高度制度化，甚或稱得上為「實質」（de facto）盟友（Korolev, 2019b）。以往莫斯科不抗拒與中國結盟，只是北京憂慮這會影響對美關係。如今中美關係裂痕處處，將會如何影響俄中軍事同盟的可能性呢？

崛起的中國：難為知己難為敵

攻勢現實（Offensive Realism）主義理論大師米爾斯海默曾經明言：「中國崛起不太可能會平靜」（Mearsheimer, 2014）。這對俄羅斯而言更是事關重大，因為兩國接壤的邊界長達4,200公里。中國崛起或有助俄羅斯抗衡美國威脅，加速「去西方化」，驅使國際秩序邁向多極世界。不過一旦中國向外擴張，恐將威脅俄羅斯的區域強國地位，甚或自身安全。究竟中國崛起為俄羅斯帶來的是機會還是威脅？

普京曾批評西方國家提出「中國威脅論」是子虛烏有，旨在爭奪全球領導權，強調俄方視中國為可靠的合作夥伴（RIA Novosti, 2011）。面對中國崛起，俄國國內存在三大流派，籠統而言：「親中派」看好中國經濟發展前景，甚至視北京為獨家夥伴；「戰略派」贊成跟中國發展關係，以共同對抗美國霸權，但同時避免捲入中美對抗；「悲觀派」忌憚中國崛起會對俄帶來重大挑戰（Solomentseva, 2014）。現實中，莫斯科的中國政策由「戰略派」主導，「親中派」則反映商界菁英和漢學家的想法，而「悲觀派」對國家的外交決策影響力有限。

除了「中國威脅論」，俄中關係漸趨不平等也惹人關注，或將影響雙方合作的深度和可持續性。「平等」既是重大挑戰，也是敏感議題，因為兩國的民族自尊心都極強（趙華勝，2018）。昔日中蘇決裂，主因之一正是蘇聯輕視中國為平等夥伴，令毛澤東難以忍受。如今俄羅斯不再是「老大哥」，克里姆林宮將如何適應新常態、平息自身的不平衡心理？

中國崛起不是威脅？

在威權政治制度下，決策權力極度集中和個人化，使國家與政權安全的界綫變得模糊。這些國家對威脅的認知，除了是物質性的（如軍事入侵），也涉及理念性威脅（如意識形態鬥爭），因為後者也可能會衝擊國內的政局穩定和政權安全。普京視西式自由民主為威脅，批評美國密謀在俄國策動反政府示威，故倡導「主權民主」以辯駁民主的多樣性，又抓緊國內管控（Person, 2017）。相對而言，中國崛起衍生「北京共識」的發展模式，但中方無意將自身的意識形態強加於別國之上，所以不對俄羅斯構成理念性威脅（Lukin, 2018）。

俄國有學者認為中國崛起是歷史偶然，而且建基於其獨特文化，暗示俄國不應複製「中國模式」（Voskressenski, 2019）。儘管俄中共同反對「普世價值論」，但兩國政治體制差距不小，雙方傾向互相參考而不是模仿。中國不向俄羅斯推廣社會主義，而且儒家文化思想具包容性。這符合克里姆林宮的立場，讓俄羅斯尋找自己的道路，構建獨特的發展模式。

對俄羅斯的外交政策菁英而言，中國崛起也不是威脅，而是機會。儘管普京掌握外交政策大權，但中國政策始終牽涉軍方、情報機構、商界、官僚等核心利益團體（Kaczmarski, 2012）。俄國軍方視中國為對抗美國霸權的夥伴，而且不構成

短、中期安全威脅。不過，俄軍同時警惕中國有沒有「殖民」遠東的長遠野心，而這也是個「理由」要求克宮增加軍費。國防企業則受惠於與中方的重大武器交易，特別是飛機引擎，但也應該注意近年兩國軍火出口競爭越趨激烈。

俄國商家看到中國崛起帶來商機，普遍反應正面。除了俄羅斯石油公司和俄羅斯天然氣公司跟中企達成能源協議，還有俄國原子能公司（Rosatom）也跟中國展開核能合作項目，在田灣（編按：位於江蘇省連雲港連雲區）興建核電站。鋁業大亨德里帕斯卡（Oleg Deripaska）是普京親信，也乘機進軍中國市場，參與可再生能源項目和金屬生產。

俄羅斯外交官僚主要負責日常事務和技術細節，包括文書處理和外訪安排，雖然決策權有限，但熟悉中國情況，他們的知識和工作簡報正彌補俄羅斯菁英對中國認知不足的毛病（Gabuev, 2015b）。中國崛起增進俄國菁英的政經利益，減輕他們對中國的恐懼，甚至促成俄中愈走愈近。

俄中在中亞的「分工」存在變數嗎？

自全球金融海嘯之後，中國積極在中亞發展經濟影響力，逐漸改變俄羅斯的傳統壟斷地位，成為區內貿易、投資和基建發展的主導者（Stratfor, 2018）。莫斯科當然關注中國的經濟滲透，但更渴望藉此將美國擠出中亞，所以默許中國的區域擴展，可謂「兩害相權取其輕」（Saltskog & Wasserman, 2019）。

有別於美國「侵犯」其勢力範圍，中國在中亞的表現克制、務實，跟俄羅斯執行「非正式」分工，避免抵觸俄國的地緣政治和軍事利益，雙方不無默契。中資成為中亞經濟發展的主要動力，而俄羅斯則透過集體安全條約組織（CSTO），在中亞建立軍事存在，以維護地區安全和影響力。俄軍在吉爾吉

斯的坎特（Kant）設置空軍基地，於塔吉克建立其國外最大的陸軍基地，也從哈薩克的拜科努爾（Baikonur）太空基地發射火箭。近年俄羅斯提出「大歐亞」概念，以俄中兩國為首的非西方國家主導，建立共同經濟和安全領域，而這可能不過是政治宣傳伎倆，為上述俄中共治中亞的妥協和分工塗脂抹粉而已（Kaczmarski & Rodkiewicz, 2016）。

俄中分工迄今尚算相安無事，但問題關鍵在於北京將來會否踰越底線，於中亞建立軍事存在？2019年《華盛頓郵報》揭發中國在塔吉克秘密駐軍，而中方曾私會俄國學者作出解釋，免得俄方因被蒙在鼓裏而心生疙瘩，同時也想了解俄方的反應和底線（Shih, 2019）。隨着中國國力漸長，涉足中亞安全領域似乎勢在必行，莫斯科將如何應對、劃定「紅線」，避免陷入敵我難分的困鬥？

國力漸不對等：決裂先兆？

時移世易，中國崛起之後兩國實力差距擴大，令俄羅斯有淪為「小夥伴」之虞。根據世界銀行數據，2019年中國的國民生產總值（購買力平價）達23.5兆億美元，是俄羅斯的4.4兆億美元的五倍（World Bank, 2021）。中國是俄羅斯的最大貿易夥伴，而俄國在中國的貿易夥伴當中僅排第十。根據斯德哥爾摩國際和平研究所數據，2019年中國和俄羅斯的軍事開支分別為2,664億美元和641億美元（SIPRI, 2020）。按聯合國人口司的資料，目前中國人口達14.3億，而俄羅斯人口是1.46億（UNDP, 2019）。

在領導層面上，習近平稱呼普京為「知心朋友」，克里姆林宮和中南海也強調兩國領袖平起平坐，以淡化地位不對等的爭議；中方謹言慎行以免傷害俄國領導人的感情，破壞雙方

友好關係。俄羅斯學者也曾作出辯解，指出俄中聯盟應該關注政治多於經濟，而北京在重大外交議題上傾向先諮詢莫斯科意見，對俄羅斯尚存依賴（Kashin, 2019）。近年俄國在國際事務上表現積極進取，包括介入敍利亞、委內瑞拉、非洲的不同糾紛，美國學者認為這正是要提醒北京，俄羅斯仍然是泱泱大國（Blank, 2019）。也有俄國專家認為中國的軍事實力和全球治理能力跟俄國相比仍有不如，並質疑中國能否如預期般成為未來全球最大經濟體，畢竟當年也有不少預言錯估日本會超越美國（Lukin, 2018）。再者，世界上有好些軍事同盟都存在不同程度的實力差距（例如英美聯盟），國力不對等未必會打破俄中的夥伴關係（Korolev, 2015）。

不過，觀乎俄羅斯與中國對抗新冠肺炎疫情的表現和疫後經濟預測，雙方實力差距恐怕只會有增無減，這會否令兩國交往的所謂「平起平坐」變得更為虛有其表？俄羅斯對中國的依賴與日俱增，會否逐漸失去其外交獨立性，不情願地以北京馬首是瞻？中國又會否對俄羅斯失去耐性，逐漸要求莫斯科緊跟北京路線？

普京與習近平「手足情深」又如何？

俄羅斯與中國的政治運作都是高度個人化的，最高領導人之間的友誼到底對兩國關係的影響有多深多廣？兩國關係近年無疑發展迅速，這多少是由普京與習近平的私人友誼所促成呢？

自習近平掌權以來（2012年11月上任中共總書記，翌年3月上任中國國家主席），到2020年年中已經跟普京會晤超過30次，互動很是頻繁。2020年9月在莫斯科出席上海合作組織外長會議的中國外長王毅，跟俄羅斯外長拉夫羅夫（Sergey Lavrov）會談

之後共同會見記者，豪言在世界百年變局的背景下，動盪不安的國際形勢中，中俄成為重要的穩定力量；而這一年即使在疫情之下，習近平和普京迄此已經四次透過元首熱線通話、多次互致信函與賀電，從戰略高度引領兩國關係乘風破浪。兩國領袖的緊密關係，經常成為政客和媒體的談資。

即使是言語不通，但二人年齡相近；普京告訴大家習近平是唯一與他慶祝生日的國家元首，習近平則回敬稱普京是他「最好的知心朋友」；他們曾經一起品嚐俄羅斯煎餅、搭乘中國高鐵、觀賞冰球比賽、互相頒贈國家榮譽勛章⋯⋯（央視新聞客戶端，2018；新華社，2019a）。雙方官媒津津樂道二人「私交甚篤」，趣味相投，例如都熱愛運動。其實普京愛好柔道、滑雪和冰球，習近平則喜歡足球、游泳和登山。二人的政治生涯和歷練也不盡相同，普京出身基層，出任總統前名不經傳，習近平則是根正苗紅的紅二代。

不過看在西方觀察家眼中，二人的治國理念和世界觀容易惹人聯想：在內政上二人都主張權力集中化、鼓吹民族主義和愛國情操、推動個人崇拜；外交上都矢志要成為大國，重拾在全球事務上的強者地位。好些國際輿論也盛傳普京與習近平關係「兄弟情深」（budding bromance），對美國領導人不無「打擊」（Kempe, 2019；斯洋，2015）。

其實更為值得反思的是，二人的交往對推動俄中關係存在甚麼局限和約束？兩人的友誼與國家利益孰輕孰重呢？

惺惺相惜、互相學習？

美國學者Elizabeth Wishnick（2019a）認為普京與習近平交往頻密，奠定二人友誼的基礎，也互相學習各自的管治模式。比方說，俄羅斯與中國通過修憲開創永續管治的可能性，建立「防火長城」對

網絡世界進行審查和監控，利用真假莫辨的信息宣傳嘗試扭轉國際輿論劣勢。透過重整政治制度，習近平將權力集中於自己身上，包括成立中央國家安全委員會和中央全面深化改革委員會，並且親自擔任主席；又削減總理李克強的經濟決策權和黨內集體領導的政治慣例。這些跟普京建立的「垂直權力」體系相似——為了擺脫1990年代以還的政治動盪，普京將國家杜馬、地方政府和寡頭商人的權力收歸中央。習近平藉推動反腐運動消滅政敵薄熙來和周永康，跟普京嚴懲越界的寡頭巨賈也形跡相近。普京提倡歐亞概念，推動歐亞經濟聯盟，將俄羅斯定位為縱橫歐亞的大國；習近平則提出「一帶一路」倡議，實現「中國夢」和民族復興；普京與習近平同樣以「後西方」世界秩序為願景，銳意打破美國霸權，以保障國家利益。

然而，俄羅斯與中國的政策不能完全兼容，畢竟兩國存在實力和文化上的差異，難以單憑普京與習近平的友誼就足以扯平（Baev, 2020）。儘管修憲之後普京的任期「歸零」，但面對疫後經濟困境造成的洶湧民怨，其「永續」執政之路恐怕遠較習近平的崎嶇得多。俄羅斯的「網絡主權」議案，透過嚴苛法規和刑罰逐步收窄網絡自由，不如中國那樣採用網絡過濾系統，避免以硬碰硬，但後者牽涉的成本實在高昂（Polyakova & Meserole, 2019）。北京抗疫「大外宣」盲從莫斯科的信息策略，結果似乎適得其反，嚴重破壞中國的國際形象。西方媒體形容習近平為「中國的普京」，從某些角度看無疑是誇誇其談——普京無懼西方制裁，執意吞併克里米亞以「糾正」歷史錯誤，恐怕不是習近平所願意學習，否則武統台灣早已成真。

普習友誼超越國家利益？

近年俄羅斯與中國達成多項經貿協議，當中不乏經濟效益成疑的項目，究竟普京與習近平的私人關係從中發揮多大影響力呢？

莫斯科卡內基中心的 Alexander Gabuev（2016）引述中方人士透露，2014年烏克蘭危機後、普京訪問上海前夕，習近平曾敦促內地國企與俄羅斯積極尋求合作機會，但同時必須符合兩大條件：要合乎經濟效益，但又應避免向俄國企業過度施壓。俄羅斯與中國最終簽訂多項經貿協議，包括俄羅斯聯邦儲蓄銀行（Sberbank）與中國進出口銀行的融資合作、俄羅斯外貿銀行（VTB）與華為合力推動數碼化、俄中能源企業在俄遠東的共同開發項目等等。

　　至於「西伯利亞力量」天然氣管道計劃，在普京與習近平親自介入談判之後終於得以落實，標誌兩國能源合作的里程碑。雖然俄方最初索價每千立方米380美元，將亞洲與歐洲天然氣價格看齊，但最終願意向中方妥協，協議價格約為每千立方米350美元（TASS, 2014）。當然，俄中天然氣合作是互惠互利的，一方面俄方促成能源出口多樣化，另一方面中方也開發了新的供應來源。隨着全球能源價格翌年急挫，中石油卻變相向俄羅斯進口貴價天然氣。

　　儘管油價下跌導致中國企業暫緩投資新的俄國能源項目，但習近平願意協助俄羅斯發展重要戰略項目，以向克里姆林宮和普京示好。2015年底中國絲路基金購入亞馬爾液化天然氣（Yamal LNG）的9.9%股權，而中國進出口銀行則為項目提供120億美元貸款。莫斯科視亞馬爾液化天然氣為北極開發的旗艦項目，唯生產商諾瓦泰克公司（Novatek）及其主要股東季姆琴科（Gennady Timchenko）遭受西方制裁；習近平批准上述兩項投資，正好紓解俄方的融資困境，同時嘗試與普京的密友建立良好關係，長遠而言是在莫斯科培養親中遊説團體。在俄羅斯「向東轉」過程中，普京的親信如羅滕貝格（Arkady Rotenberg）、謝欽（Igor Sechin）和米赫爾松（Leonid Mikhelson）等，都從中方獲益甚多。

領袖關係鐵板一塊？

　　普京與習近平頻密互動，可以充當兩國良好關係的催化劑，但雙邊關係更多建基在各種共同利益的考量之上；政策上有多少可以互相學習，也備受各自的國情約束。俄中經貿合作當中部分項目的即時經濟效益成疑但依然成事，我們應該探索當中牽涉兩國長遠戰略的計算，而不一定是領袖之間的私交私利所使然。與此同時，我們不會忘記葉利欽與克林頓、普京與喬治布殊私交甚密之說也曾一度甚囂塵上，但冷戰結束以來美俄關係何嘗不是未見起色？蘇共和中共上一代領導人史太林和毛澤東的友誼傳說也是非比尋常，過去亦曾經是雙方官媒的一時美談；但近年不少俄國歷史學家透過檔案和口述史揭示，前者對後者的感情多年來也經歷了質疑、信任和猜忌等不同變化（俄羅斯衛星通訊社，2019a）；而後者對前者的「愚忠」和討好（蒙克，2015），也超出許多一般輿論的描述。幽默一點說，上述王毅誇言中俄元首在2020年頭三季已經進行四次元首通話，其實在同一時段普京與特朗普進行元首通話達八次之多。兩國領袖的友誼對國際關係的影響，終究不宜過分、過早解讀，也不應簡化為鐵板一塊。

社會層面「民心相通」嗎？

　　2020年夏天新華社報道由中俄友好、和平與發展委員會開展的《2020年中俄社會民意調查報告》結果（朱夢娜，2020），對「兩國社會關係基礎鞏固」一片唱好。不過，細讀詳情的讀者未必有如此簡單的結論：覺得中國人是「無私的」俄羅斯受訪者只有32%，覺得中國人是「愛好和平的」也只有58%；有關影響「中俄關係未來發展的因素」，認為「民眾彼此了解」重要

的俄羅斯受訪者只有39%；有關俄國人對中國人的友好傾向描述，26–35歲俄羅斯青年當中，覺得中國人可以做朋友或者來國訪問的，加起來有47%，但覺得他們可以做為鄰居或者留俄國生活的，實在不多，分別只有6.4%和9.4%。

俄羅斯與中國已經建立了「新時代全面協作戰略夥伴關係」，官方媒體落力宣傳領導人普京與習近平私交甚篤，但兩國關係始終被質疑是官熱民冷。有評論認為俄羅斯民眾對中國態度冷淡，遠不及官媒渲染般熾熱，推論出兩國關係純粹建基於利益之上，關係隨波逐流而脆弱。考察俄中關係的民間面向，饒有趣味。

民調顯示的和諧一面

美國皮尤研究中心2019年進行的民意調查顯示，全球各國普遍對中國的觀感傾向負面，尤其是日本、瑞典、加拿大等，但同期在俄羅斯卻有71%受訪者對之抱持正面觀感，是對中國最有好感的國家（Silver et al., 2019）。與此同時，59%俄羅斯人表示信任習近平，遠超於全球國家中位數的29%。

俄羅斯民調機構的數據也有相近發現。獨立民調機構列瓦達中心（2020）的調查顯示，多年來俄國人對中國保持正面觀感，並且視之為第二大親密夥伴，僅次於白羅斯。俄羅斯社會輿論基金會（2018）的民調反映，俄國人認為中國的經濟發展比較成功，但其國際影響力仍然不及俄羅斯，而在烏克蘭危機後俄國人不再視中國為威脅。全俄羅斯民調研究中心（2017）的調查則透露，儘管大多數俄國老百姓視中國為其夥伴與盟友，但卻認為克里姆林宮應該在中美博弈之間保持中立。

2020年新型冠狀病毒肆虐全球，觸發各國民眾對中國的不滿與日俱增，究竟反華情緒有否蔓延到俄羅斯？近年俄羅斯國

表2.1　俄羅斯人對中國的觀感

表2.1　俄羅斯人對中國的觀感

資料來源：Levada Center, 2020

境擠滿中國遊客，但疫情下俄中兩國邊境被迫關閉，這對俄國旅遊業將會是祝福或是詛咒？俄羅斯與中國的文化、學術交流越趨頻繁，那麼克里姆林宮需要提防北京引進海外專才的「千人計劃」嗎？

俄國民間存在「反中」情緒嗎？

當武漢爆發新冠肺炎後，俄羅斯迅速宣佈單方面對中國封關，令中方感到詫異，兩國邊境至2021年春仍未重新開通。2020年2月初，莫斯科市政府被指對中國公民採取歧視性措施，例如透過人臉識別技術對華人進行防疫檢查，引致當地華僑驚恐不安，最終需要中國駐俄羅斯大使館介入調解。其實，俄羅斯官員也曾私下埋怨中國隱瞞疫情，對中方拒絕提供新冠肺炎的病毒株以助疫苗研究感到不滿。

儘管上述防疫事態揭示俄中友誼也許是言過其實，但反華情緒始終未見在俄羅斯蔓延（Zuenko, 2020）。根據列瓦達中心（2020）的民調，新冠肺炎後對中國有好感的俄羅斯人僅從72%輕微下降至65%（見表2.1）。這主要因為克宮對中國封關近一個

俄羅斯白宮──總理官邸；前任總統梅德韋傑夫擔任總理時在此辦公。

月之後，俄羅斯國內才出現首宗新冠肺炎病例。俄國斯科爾科
沃科技大學（Skoltech）曾為211個新冠肺炎的病毒樣本進行基
因分析，發現俄羅斯的病例主要在2月底至3月初期間從歐洲國
家輸入，而不是源於中國（Komissarov et al., 2020）。有別於把
矛頭指向中國，俄羅斯民眾反而指責外遊和不遵守隔離規定的
同胞，導致疫情在國內蔓延。

　　不過，此前俄羅斯西伯利亞的伊爾庫茨克（Irkutsk）確曾爆
發大規模反華示威，抗議中國投資破壞生態，甚至損害俄國主
權。2019年中資企業AquaSib在貝加爾湖（Lake Baikal）興建瓶
裝水廠，並計劃在2021年後每年提取1.9億升純淨水，當中八成
產量將出口至中國和韓國。然而，這計劃招致當地居民強烈反
對，包括119萬俄羅斯人到網上聯署，促使時任總理梅德韋傑夫
下令徹查項目。最終，當地法院禁止瓶裝水廠施工。對於俄羅
斯人而言，貝加爾湖具有特殊歷史意義，被奉為聖海（Sacred
Sea）崇拜，當地居民自然抗拒中資「入侵」。再者，中國旅客

及中方教科書不時宣稱貝加爾湖是屬於中國的，進一步加深當地人的焦慮不安。

中資瓶裝水廠對當地生態有多大影響，有待商榷，但其生產規模遠超現時當地其他水廠的產能（每年共6,400萬升）。西伯利亞居民的反華情緒也要歸咎於地方政治菁英的操弄，因為「中國牌」成為他們的政治鬥爭工具（Telegina, 2019）。伊爾庫茨克的州長和市長分別由俄羅斯共產黨的列夫琴科（Sergey Levchenko）和統一俄羅斯黨的波得尼科夫（Dmitry Berdnikov）擔任，在爭議中雙方落力發表反中言論，指責對方縱容中國，為即將到來的選舉造勢拉票。另一方面，當地民眾也抨擊地方政府與商家貪圖個人短期利益，犧牲了俄國的長遠福祉，尤其是中資企業未能兌現承諾為當地人創造就業職位，反而改為招聘中國勞工參與建設（Goble, 2019）。

俄國社會歡迎中國旅客嗎？

伊爾庫茨克居民抗議中資興建瓶裝水廠，也可能與大量中國遊客湧入貝加爾湖有關。根據伊爾庫茨克移民局的統計，2019年首八個月貝加爾湖接待了30萬名中國旅客，佔總體外國旅客逾六成（Interfax, 2019a），而他們被指在當地製造大量垃圾。「過度旅遊」問題同樣出現在聖彼得堡，導致當地的沙皇村和隱士廬博物館不勝負荷。俄國本地旅客投訴需要等候四個小時才能進入凱薩琳宮參觀，而參觀這旅遊勝地的外國旅客七成來自中國。北部極光城市摩爾曼斯克（Murmansk）也受到中國旅客的青睞，2019年吸引了1.6萬中國人造訪，按年增長四成，佔整體外國旅客的兩成（TASS, 2019b）。

根據俄羅斯聯邦統計局（2020）的資料，2019年俄羅斯共接待188萬名中國遊客，而他們大多參加旅行團以享受免簽證

待遇。近年中國旅客熱衷於訪俄，主要建基於盧布大幅貶值，令俄羅斯成為廉價旅遊勝地；中國旅遊研究院（2020）的報告指出，2019年俄羅斯成為中國旅客的第12大熱門旅遊國家。鑒於訪俄的中國旅客數量飆升，在2015–20年間，提供俄羅斯往返中國航班的航空公司從14間增加至23間。俄羅斯旅行社協會（2020）引用俄中央銀行公佈的數據表示，2019年旅遊業為俄國帶來99億美元經濟收益，其中中國遊客貢獻了大約一成，雖然說是冠絕其他國家，但他們每次行程平均消費458美元，實在還有很大的改善空間。

值得注意的是，儘管近年中國遊客湧入俄羅斯，但當地旅遊業界未能完全受惠，甚至面臨被擠出市場的困擾。《俄羅斯商業諮詢日報》引述中國問題專家吳成克（Mikhail Vovchenko）的推測，中國旅客在俄羅斯的消費中，六成花在政府無法徵稅或管制的地方上（Sukhorukova, 2019）。歸根究底，訪俄的中國旅行團衍生了「灰色旅遊」，遊客的主要消費最終惠及中國商家。根據俄羅斯《生意人報》的偵查報道，中國旅行團訪俄時往往由華人經營的當地旅行社接洽，在中國導遊陪同下到中資酒店、餐館、紀念品店消費，並且以銀聯卡、支付寶、微信支付等途徑付款（Bocharova et al., 2019）。不少俄羅斯旅行社難敵中資以低團費作招徠，而本地導遊亦埋怨中國旅行團剝削員工權益，例如帶團前被要求先墊支一筆「帶團費」。有見及此，當地旅遊業界提議政府立法規定只有俄羅斯公民方能擔任導遊，而且應該放寬簽證安排，以鼓勵更多「自由行」的中國旅客。

中國「文化軟實力」入侵俄羅斯？

除了旅遊交往外，俄中兩國的民間互動亦涉及學術和文化交流。2019年赴俄羅斯留學的中國人達三萬名，俄國境內設有

19所孔子學院和課堂，而漢語亦被納入為俄羅斯高考的外語科目之一。然而，俄羅斯早已不再是中國人的熱門留學地點，現時他們傾向歐、美、日、韓的高等院校，北京甚至要為赴俄留學生提供國家津貼作為誘因。在華俄羅斯學生的人數相約，七成以短期交流形式去學習漢語。基於成本考慮，俄國學生普遍比較喜歡到中、東歐國家留學。近年俄羅斯興起學習漢語的熱潮，全因俄國人視之為英文以外最實際有用的語言，但全國只有不足一成人口懂得中文（VTsIOM, 2019c）。

2015年俄羅斯布拉戈維申斯克（Blagoveshchensk）市政府曾把孔子學院列為「外國代理人」，暗示它從事外國間諜和蒐集情報活動，但相關指控最終遭到撤銷；此前，俄遠東的雅庫茨克（Yakutsk）和新西伯利亞亦曾嘗試關閉當地孔子學院，此外似乎沒有更多城市有相關顧慮。相對西方國家而言，俄國政府對待孔子學院顯得異常寬容，也許是基於俄中兩國的政治體制較為相似，未有出現強烈文化衝突矛盾（Popovic et al., 2020）。民調顯示43%俄國老百姓對中國文化感興趣，但只有一成人認為中國文化較歐洲文化有趣，而且65%受訪者表示中國與俄羅斯文化截然不同（Public Opinion Foundation, 2015）。禮尚往來似的，「俄羅斯世界」基金會也走進了35間中國高等院校，透過推廣俄國語言和文化來發揮其軟實力。

然而，近年俄羅斯屢次高調拘捕中國間諜，特別是指控俄科學家為中國從事間諜活動。2020年10月，托木斯克國立大學教授盧卡寧（Alexander Lukanin）被指傳送敏感技術予中國，而他的研究專長為高壓電源和斷裂力學。同年6月，俄北極科學院院長米季科（Valery Mitko）被控叛國罪，涉嫌向中國提供關於水聲學及潛艇偵測技術等國家機密資料。2016年，航天研究員拉皮金（Vladimir Lapygin）向中國洩露有關高超音速飛行器的機密情報，最終被判處七年監禁。多年來俄中兩國諜影重重，但雙方

素來傾向私下解決事件，例如低調驅逐出境，避免影響外交關係（Galeotti, 2020）。克里姆林宮近來高調處理中國間諜案，看來意在警惕愈見過分的北京，為此劃下紅線？

慎防「軟實力過硬」

儘管俄羅斯遠東居民格外警惕「中國威脅」，甚至出現過大規模反華示威，但反中情緒未有蔓延至俄國其他城市。當然，克宮不能漠視當地民眾的聲音，畢竟他們的社會民生確實飽受中國力量的衝擊。中國旅客對俄羅斯造成「過度旅遊」情況，疫情有望為克里姆林宮爭取時間應對「灰色旅遊」，設法避免當地旅遊業被邊緣化。長遠而言，有關當局要思考如何吸引「自由行」的中國年輕旅客，逐漸取代年邁、消費力一般的旅行團遊客，從而推動可持續旅遊發展。

克里姆林宮未有特別擔心中國向俄羅斯人輸出文化和意識形態，畢竟北京的軟實力攻勢仍然未成氣候，中華文化在俄國的流行程度仍處於起步階段。不過，莫斯科越發關注中國間諜行為和其國家機密外洩，不予防微杜漸，容易助長中方的硬實力迅速提升。總的來說，俄中民間關係談不上親厚，但也不至於上熱下冷；兩國人民交往只能順其自然，莫斯科與北京不宜高估官媒的政治宣傳成效，提防軟實力過硬只會弄巧成拙。

3

大中華

　　俄羅斯官方一直堅守「一中原則」口徑。台海危機被稱為東亞火藥庫之一，但莫斯科在兩岸關係上真的對北京事事言聽計從？香港是亞洲金融中心、進入中國和東南亞地區的重要門戶，克里姆林宮也不只一次期望乘香港之助解決經濟問題，但始終未見水到渠成。探索克宮的對台和對港政策，既可對俄中關係有更仔細的認識，也可以衡量「向東轉」有多少百密一疏之弊。

台灣：現實政治超越意識形態

談及俄羅斯與台灣關係，也許令人想起台灣網民發明「戰鬥民族」一詞形容俄國人。據《PTT鄉民百科》記載，自2013年起網絡流傳俄羅斯人與熊搏鬥、瘋狂飆車、群毆的影片，逐漸形成以「戰鬥民族」描繪俄國人兇悍勇猛的說法。隨着這網絡用語在華文世界變得街知巷聞，數年前俄國駐台灣代表曾到元智大學演講，風趣地解釋「為何俄羅斯不是戰鬥民族」，藉以消除台灣年輕人對俄羅斯的誤解。

2020年新冠肺炎疫情肆虐，俄羅斯禁止中國公民入境，但卻不包括台灣訪客，又在疫情官網展示青天白日旗，吸引台媒炒作報道；後來台灣外交部公佈俄客赴台觀光年增四倍，台媒推測俄羅斯將會賦予台灣人免簽證安排。然而，熟悉俄羅斯對台政策的朋友都會明白莫斯科從不承認台灣的國家地位，上述事故應屬手民之誤，毋須過分解讀。

在政治意識形態上，俄羅斯與台灣南轅北轍，但大半個世紀以來其實不無交往經驗，卻始終若即若離，說到底都是「現實政治」（realpolitik）使然。到底甚麼是俄羅斯跟台灣發展關係的綠燈與紅線？

蔣介石與史太林一度攜手

儘管中華民國領袖蔣介石反共立場鮮明，但也曾不止一次跟蘇聯合作，以達至國內外政治目的，例如南京與莫斯科曾於1937年簽訂《中蘇互不侵犯條約》，促成兩國聯手抗日；1945年簽訂《中蘇友好同盟條約》，寄望後者放棄對中共的支持。蔣介石與蘇聯權宜合作，反映他畢竟是「現實政治家」，考慮實際利益多於意識形態包袱。1949年國民黨戰敗遷台，蔣介石大肆

抨擊蘇聯背信棄義，甚至提倡將「漢賊不兩立」的原則用於外交，跟社會主義陣營的國家斷交，毋寧是為軍事失利尋找代罪羔羊。

至於蘇聯領袖史太林，何嘗不也是將蘇聯利益置於意識形態之上，利用國民政府以擴大其地緣政治利益？儘管蘇聯扶植中國共產黨，但史太林也明瞭抗日戰爭有賴國共合作，故沒有大力促成中共乘危奪權。《中蘇友好同盟條約》既保障了蘇聯在中國東北和外蒙古的利益，同時莫斯科也向中共提供軍事援助，對國共內戰採取兩手準備。中共建國初期本來立意攻台，但史太林如何看待武統台灣，學術界至今仍然未有共識——雖然莫斯科協助提升人民解放軍的作戰能力，但同時拒絕派兵介入兩岸戰爭，避免跟美國短兵相接；史太林也曾建議毛澤東先從英國收復香港，暗示中共應放棄解放台灣（Bazhanov, 1990）；之後史太林支持金日成發動朝鮮人民軍南下，韓戰爆發，中美關係急速轉壞，令北京更加依賴蘇聯；不久美國第七艦隊進駐台灣海峽，令毛澤東被迫放棄攻打台灣。

冷戰對峙：「蘇聯牌」與「台灣牌」

雖然蘇聯堅守「一中原則」、台灣堅決反共，但隨着國際形勢急速轉變，蘇台關係也一度發生微妙變化。1960年代蘇聯與中國矛盾日漸尖銳，雙方先是口誅筆伐，繼而在珍寶島兵戎相見。蘇中決裂為美中關係「正常化」提供契機，雙方利益吻合，合力抗衡蘇聯的威脅（Kissinger, 1994）。美中建交重塑了全球勢力平衡，蘇聯於地緣政治優勢漸失，同時令台灣面臨國際孤立。

為了阻撓美中關係正常化，蘇聯與台灣出人意表地互伸橄欖枝。蘇聯外交人員曾研究擯棄「一中原則」的可能性，甚至

考慮策反台灣對抗美國，但領導層不置可否。1968年蘇聯派遣國家安全委員會（KGB，「克格勃」）特工路易斯（Victor Louis）秘密訪台會晤國防部長蔣經國，表示莫斯科願意與國民政府合作推翻毛澤東政權，也索取情報以審視毛澤東對蘇聯的敵意。

然而這些秘密外交接觸未為蘇台建交帶來實質成果，充其量是擺出姿態架勢以擾敵軍心。歸根究底，蘇聯與台灣真正重視的是各自與中國和美國的關係，對恢復蘇台關係不過是半心半意（Share, 2007）。台灣故意對外泄露密會蘇使的情報，藉以向華盛頓表示忠誠，期望美方放棄與北京建交。1976年國民黨第十一次全國代表大會通過《反共復國行動綱領案》，重申蔣經國和國民政府的反共立場。而基於被背叛的經歷，台灣始終對蘇聯欠缺信任，又憂慮跟蘇聯修好將會打擊美國守護台灣的決心。

莫斯科亦透過台灣議題向外界展示蘇中團結，而不是藉以要脅北京。多年來蘇聯堅持「一中原則」，也支持北京在聯合國的代表權。蘇聯重視北京多於台北，不願意因台灣問題為蘇中關係增添變數。路易斯在台北的秘密接觸、只反映蘇聯鷹派的主張，但不為總書記布里茲涅夫所接納（Tubilewicz, 2005）。若然蘇聯與台灣建交，不但加速將中國推向美國陣營，而且長遠使蘇中關係難以調和。

後冷戰的戰略三角關係

分析後冷戰的俄羅斯與台灣關係，Lowell Dittmer（1981）的戰略三角關係理論富啟發性。當三個國家相互之間具備戰略重要性，而且任何雙邊關係均會受第三國影響，戰略三角關係已然構成（Dittmer, 1981）。莫斯科、北京和台北三者的雙邊關係互相影響、制約，屬於「羅曼蒂克型」，而俄羅斯身居樞紐（pivot），處於最有利的位置；冷戰結束初期，俄羅斯與台灣維

圖3.1　戰略三角關係理論

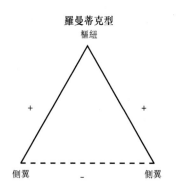

羅曼蒂克型

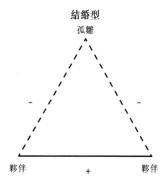

結緍型

資料來源：Lowell Dittmer, 1981

持非官方關係，兩岸則依舊處於敵對狀態，而中國與台灣都積極爭取俄國支持。後來隨着俄中關係愈見緊密，在三角關係中逐漸向「結婚型」嬗變，台灣則淪為「流放者」（outcast，或譯「孤雛」）。不過這並不是莫斯科樂見的發展，因為兩岸關係維持敵對，兩者都追求莫斯科的支持，對俄最為有利（見圖3.1）。

1990年代初，台北看準北京與葉利欽存在意識形態分歧、互相猜疑，遂派員爭取俄國政客支持，試圖爭取外交突破。葉利欽親信羅伯夫（Oleg Lobov）終為所動，說服葉氏於1992年同意與台灣互設具大使館性質的代表處——台北莫斯科經濟文化協調委員會（TMC）和莫斯科台北經濟文化協調委員會（MTC）。然而當時莫斯科內部亂局未平，這協議根本未有事先徵詢外交部意見，北京對此表達強烈不滿也可想而知，引動了一場俄中外交風波。

俄羅斯對台灣的經濟發展成就感興趣，但其戰略價值遠不及中國。在俄羅斯的外交政策中，中國發揮平衡美國的重要戰略作用，而台灣卻是對華政策的敏感部分，台灣利益因而輕易被犧牲（Tubilewicz, 2002）。1992年年底葉利欽頒佈總統令《俄

羅斯與台灣關係法》，澄清俄國只承認「一個中國」，相關代表處乃非官方性質；在中方施壓下，駐台代表處延遲至1996年才正式運作。自此俄羅斯外交部對台灣問題提高警覺，對台政策都先諮詢北京意見。1998年美國總統克林頓提出對台「三不政策」，包括不支持「兩個中國」、台灣獨立和台灣加入國際組織；葉利欽在同年發表「四不政策」，增添拒絕對台售武的承諾。

在普京治下，俄羅斯放棄「全盤西化」，外交方針奉行歐亞兼顧，特別看重對華關係，對台灣的態度原則上承襲前朝，但逐步更貼近北京立場。2001普京與時任中國國家主席江澤民簽署《中俄睦鄰友好合作條約》，普京重申俄羅斯承認中國對台灣的主權，藉以換取中方支持俄國在車臣的軍事行動。2005年莫斯科支持北京制訂《反分裂國家法》，認可北京有權武統台灣。儘管普京與台灣陳水扁早年在俄羅斯有素面之緣，但當時兩人分別為聖彼得堡副市長和台北市長，而目前俄台高層仍然禁止官方互訪。俄羅斯外交部於陳水扁勝出總統大選後，發表聲明重申「一中原則」，也批評民進黨的台獨主張。在國際層面上，俄羅斯協助中國孤立台灣，例如將台灣問題剔出八大工業國組織（G8）議程、反對台灣加入聯合國和國際民航組織等等。

冷戰後俄羅斯與台灣開放直接貿易，但始終徘徊在較低水平。根據台灣經濟部國際貿易局（2020）統計，2019年俄台雙邊貿易額為42.8億美元，分別佔俄國和台灣總貿易額的0.8%和0.7%。俄羅斯是台灣第22大貿易夥伴，而台灣則是俄羅斯在亞太地區的第4大貿易夥伴。需要注意的是，不少俄台雙邊貿易仍然透過第三地往來，所以上述統計數字是被低估的。相比之下，同年俄羅斯與中國貿易額達1,109.2億美元（Federal Customs Service, 2020）。俄羅斯與台灣存在經濟互補性，俄國對台出口原油和鋼鐵，從台灣進口機械設備和零件，而俄國對台長年維持貿易順差（Vradiy, 2017）。台灣對俄羅斯出口偏低，一來是台製產品對俄人欠吸引力，既不及中國大陸產品定價「進取」，

也比不上歐盟商品質量；而台灣企業對俄羅斯的匯率風險、貪污、法制問題也甚有保留，不願走進當地市場。莫斯科至今不願與台方締結雙邊自貿協議，避免提升其國際地位，觸怒北京。儘管近年俄羅斯積極開發遠東地區，但台企未能善用地理優勢，跟俄國的經貿活動仍集中於莫斯科和聖彼得堡而已。

縱然兩地官方交往保持低調，但民間交流不無進展。台北政府於2002年促成民間團體「台俄協會」，定期舉辦座談會、俄文班和參訪團等活動。陳水扁總統出席開幕儀式致詞時重提與普京相遇的經歷，也展望俄羅斯「新東方政策」下的俄台合作（中華民國總統府，2002）。2014年俄國全祿航空與中華航空開辦莫斯科—台北直航，但翌年因經營不善停飛，直至2019年又恢復航線。台灣教育部設立獎學金鼓勵俄台學生交流，2016年留俄台灣學生約178名，也有約375名俄國人留學台灣（中華民國外交部，2017）。自2018年起，台灣單方面開放俄羅斯公民免簽入境，使赴台俄客急增至接近每年一萬人次，但俄國暫未向台方提供對等待遇（見圖3.2）。

台灣未能爭取俄羅斯的外交支持，使中國在俄中台三角關係上的優勢更見明顯。在俄國政壇，只有自由民主黨黨魁日里諾夫斯基（Vladimir Zhirinovsky）採親台立場，但其極右、極端民族主義路線拖累台灣在當地的形象。中國喜見台灣被俄羅斯冷待，因北京更需要俄國支持，以處理兩岸關係。在國際政治上，俄羅斯是支持「一中原則」最重要的大國，以美國為首的西方國家多以戰略性模糊的「一中政策」對應，對「台灣是中國的一部分」只提「認知」不作「認可」。在地緣政治上，北京跟俄羅斯保持友好關係，可避免雙線作戰危機，專注針對台海的軍事部署。儘管俄台建交幾近不可能，但台北政府不應忽視俄羅斯在台海「搞局」的可能性，尤其是在解放軍犯台之時（Chang, 2019）。

圖3.2 2015–2019 台俄雙邊貿易關係

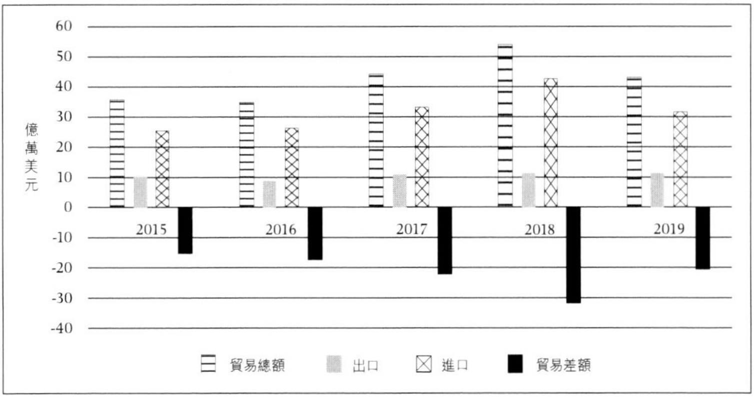

資料來源：經濟部國際貿易局，2020

俄中會聯手武犯台灣嗎？

到底莫斯科如何看待中國武力犯台？迄今仍是謎團。美國眾議院前議長金里奇分析，假若中國在俄方空軍協助下攻台，將會大幅降低支援美軍的勝算，影響美國軍事介入台海衝突的盤算（Gingrich, 2019）。近年俄羅斯與中國加強軍事合作，提升解放軍空、海軍的作戰能力；加上多年來持續對華售武，包括Su–35戰鬥機、驅逐艦、基洛級潛艇，使解放軍逐漸在台海取得軍事優勢。

一直以來莫斯科公開主張以和平方式解決兩岸問題，但1996年台海危機爆發時，葉利欽呼籲雙方和平對話之餘卻拒絕譴責北京；同年葉利欽對中國進行國事訪問，俄中宣佈建立戰略夥伴關係。2005年俄羅斯與中國於山東半島舉行「和平使命–2005」聯合軍事演習，包括登陸作戰，有國際輿論認為那是要威嚇台灣，而不是旨在反恐。北京主動承擔軍演的大部分

開支，為俄羅斯提供極大誘因。中方藉以對外暗示俄羅斯站在中國一邊，而俄方則熱衷展示武器裝備，爭取更多軍火訂單。然而，俄羅斯外交部和國防部事後澄清，俄中聯合軍演與台灣問題無關，純粹是訓練性質。俄國終究拒絕與中國簽署軍事協議，不願承諾介入台海衝突（Rigger, 2009）。在中國的盤算中，俄羅斯未必反對北京武統台灣，但起碼會保持中立；而要做到俄中聯手攻台，條件始終有欠成熟。

假如俄羅斯的發展方向真的「向東轉」，不少東亞國家都期望它能發揮調解各方利益的作用，而台海就是合適的試驗場。俄羅斯對兩岸分離現狀感到「滿意」：它牽引着中美關係，分散中方在俄邊境的軍力，也促使北京繼續從俄國購入先進武器。因此，莫斯科理應不願看見台海爆發軍事衝突，更避免捲入中美「代理人戰爭」。假如俄羅斯站在台灣一邊，將犧牲中國關係；而協助北京攻台則會令美俄關係進一步惡化，保持中立就最符合俄國利益（Hu, 2012）。理想地說，俄羅斯可以搶佔道德高地，調和中國與美台的利益，化解台海衝突。然而，隨着俄中關係漸趨不對等，俄羅斯反而要提防被中國利用，不經意地捲入兩岸戰火（Wilson, 2009）。

香港：為甚麼不是「東方塞浦路斯」？

2020 年 7 月初《港區國安法》推行後，俄羅斯總統普京與中國國家主席習近平通電話，新華社報道「俄方堅定支持中方在香港維護國家安全的努力……相信中方完全有能力維護香港長期繁榮和穩定」（新華社，2020）。但同日克里姆林宮發表聲明，只交代兩人共同支持維護國家主權、防止外部勢力干涉內

政、確保國際法至上原則，但未明確提及香港情況（Kremlin, 2020a）。俄羅斯外交部多次重申對港立場，即香港事務屬於中國內政，應由兩地政府和人民自行解決，俄國不予評論。俄方說法表面上支持中國，但外交姿態上不無留有餘地。

相信俄羅斯是不想輕易牽涉入中美衝突當中，以便保存最大的迴旋空間甚或利益。克里姆林宮樂見美國將矛頭從俄羅斯轉向中國，甚至有俄羅斯的中國問題專家認為（例如俄羅斯遠東研究所的 Vasily Kashin），俄國與中國的美國政策可以脫勾（Hille et al., 2020），外交部重要智囊形容俄中關係的高峰期已過（Alexander Lukin, 2020）。俄羅斯的外交作風素來強硬，但近年言論轉趨低調，逐漸被中國的「戰狼外交」的風頭蓋過。儘管如此，俄羅斯不忘批評西方國家的雙重標準，既批評美國與英國介入香港事務和干涉中國內政，也曾暗諷歐盟出於私利而不願就「港區國安法」制裁中國（香港電台，2020；Poplavsky, 2020）。

基於歷史和地理原因，俄羅斯與香港關係難言緊密，而兩地人民互相了解有限，甚至存在誤解和偏見。俄羅斯人普遍不明瞭香港與中國大陸的不同，反而深受功夫電影影響；香港人對俄羅斯的認知何嘗不是局限於羅宋湯、伏特加和美女？畢竟，俄羅斯與香港經濟欠缺互補性，雙邊貿易額有限，而且香港人認為在俄羅斯投資涉及高風險。不過，原來俄羅斯與香港不無歷史淵源，回歸後香港一度有望成為俄羅斯的資金避風港，只因西方制裁而限制了兩地的金融合作。回顧俄港關係，或多或少能洞悉俄羅斯「向東轉」的桎梏所在；反之，也反映香港（曾經）作為一個地緣政治經濟重鎮的光暗明滅。「一帶一路」倡議當前，俄羅斯跟這個東亞地區最重要的國際都會有甚麼發展的可能性和限制呢？

地緣政治棋局上的香港：從帝俄到蘇聯

透過查閱蘇聯解密檔案，美國歷史學家 Michael Share 重塑俄羅斯與香港的歷史關係，發現俄羅斯曾經關注香港的戰略和商業價值；而在俄國跟英國和日本的地緣政治博弈當中，也見過香港在棋盤之上，足以影響香港局勢發展（Share, 2007）。對俄羅斯而言，香港的地理位置優越，有潛力成為它的遠東情報中心和海軍基地。

19世紀中葉克里米亞戰爭之後，沙皇尼古拉二世銳意向東亞擴張，甚至有意入侵香港，但後來的日俄戰爭令他將此念頭打消。第一次世界大戰期間，英國將戰爭物資經香港運往海參崴，再沿西伯利亞鐵路傳送至歐俄。蘇聯時期，共產國際向香港輸出革命，包括幕後策劃省港大罷工，企圖顛覆英國殖民統治。在二戰後的雅爾塔會議，史太林與邱吉爾達成秘密協議，以默許英國對香港的管治權換取蘇聯在東歐擴張，國民政府被說服忍受協議內容。

中共建國後，史太林慫恿毛澤東接管香港，但最終遭北京婉拒。中蘇交惡時期蘇聯密謀在香港設立情報收集中心，英國不以為然，着力遏止蘇聯的間諜活動。1980年代初中英兩國就香港前途問題展開談判，吸引莫斯科密切關注，因為沙俄同樣透過不平等條約侵佔中國東北和海參崴。

金融海嘯後尋找「東方塞浦路斯」

蘇聯解體後，俄羅斯政府於1994年重設駐港總領事館，恢復在香港的外交存在。與應對台灣的方針相似，俄羅斯配合北京的立場，視香港為中國的一部分。《基本法》賦予香港涉外關係權，特區政府偶有跟俄羅斯進行高層官員交往。2002年時任俄羅斯外交部長伊萬諾夫訪港，會見特首董建華。2004年時

任政務司司長曾蔭權拜訪莫斯科，與俄羅斯結下淵源，揭開俄港關係新一頁。2010年時任俄羅斯總統梅德韋傑夫於克里姆林宮破格接見特首曾蔭權（此前不久梅德韋傑夫曾拒絕會晤廣東省省委書記汪洋）；翌年因為馬尼拉人質事件香港發生所謂「次主權」爭議，鬧得沸沸揚揚之際梅氏歷史性應邀訪問香港，成為首位訪港的俄羅斯元首。

梅德韋傑夫執政初期，俄國經濟飽受金融海嘯衝擊，他因而肩負經濟多元化改革的重任，特別是開拓亞洲新興市場。梅氏提倡經濟現代化，致力減輕俄國過度依賴能源出口，推動金融和高科技產業發展，故此對香港特別感興趣。訪港期間，梅德韋傑夫參觀香港交易所，表示希望借鑒香港經驗，將莫斯科革新成國際金融中心；他亦期望為俄國企業開拓籌集資金的新平台，皆因金融海嘯的禍害及英俄關係急速惡化，使俄羅斯資金在倫敦承受更高風險。根據俄羅斯《生意人報》對曾蔭權的專訪，梅德韋傑夫曾請求他協助債台高築的俄羅斯鋁業上市（Gabuev, 2010）。俄鋁最終如願成為首間在港上市的俄企，梅德韋傑夫冀望這次成功及其親身訪港能起示範作用，鼓勵更多俄企選擇在香港上市集資，可惜迄今只有兩家成事。

梅德韋傑夫也希望吸引香港資金參與開發俄羅斯遠東和西伯利亞，以及被稱為「俄羅斯矽谷」的Skolkovo創科中心（這可說是梅氏的個人政治工程）。不過，俄羅斯的投資條件和氣氛欠佳，香港投資者難言踴躍。據俄羅斯中央銀行的資料，2011年俄羅斯來自香港的直接投資僅為9,400萬美元（Bank of Russia, 2020），而當年香港的對外直接投資總額為10,252億美元（79,464億港元）（Census and Statistics Department, 2012）。在梅德韋傑夫任內，2009年俄羅斯與特區政府達成協議，容許兩地人民免簽證入境逗留14天，主要惠及來往兩地的俄國商人。翌年香港國泰航空開辦莫斯科航線，成為往來兩地的首間民航企業，但航線於五年後因商業考慮而停辦。

圖3.3　俄羅斯─香港投資概況

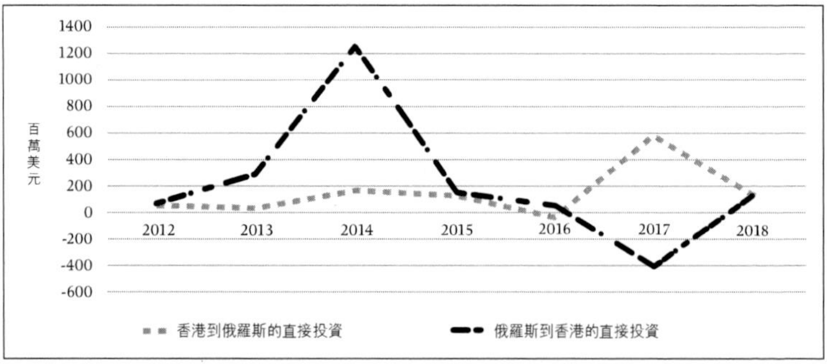

資料來源：Bank of Russia, 2020

「超級聯繫人」遇上克里米亞危機

　　梁振英就任香港特首後翌年即面對斯諾登（Edward Snowden）事件：這名美國中央情報局前僱員匿藏香港，美方提出引渡要求，但港府最終容許他前往莫斯科尋求政治庇護。克里姆林宮引述普京指出，斯諾登曾待在俄羅斯駐港總領事館，並且尋求俄方協助（Kremlin, 2013）。隨着諾登事件提升至外交層面，特區政府轉交北京處理，而俄港政府到底有沒有互相接洽，至今仍未解密。

　　自2014年俄羅斯因克里米亞危機而遭受西方制裁後，克里姆林宮期望以香港取代倫敦和紐約，成為俄羅斯的資金避風港。不過，俄羅斯企業於香港金融市場遇到諸多阻礙，同樣難以籌集資金。在美國聯儲局的指示下，香港銀行和金融機構對俄企提出嚴格監管和合規要求，免得違反西方制裁措施（Gabuev, 2015a）。儘管香港經濟受到中國的影響愈來愈大，但北京還是不願意為俄羅斯而得罪美國，以免損害香港的國際金融中心地位。俄羅斯石油公司、俄羅斯天然氣公司、盧克石油等先後表示有意在香港上市，但在西方制裁下無奈擱置計

劃。俄氣曾請求香港交易所豁免部分上市條件，包括一些對董事局結構和企業管治的要求，但最終轉赴新加坡上市（Interfax, 2015）。2015年俄羅斯與國際證監會組織（IOSCO）簽署《多邊諒解備忘錄》，滿足俄國註冊企業在香港上市的法規要求（俄鋁的註冊地點為英屬澤西島），但對事態幫助不大。對於香港銀行而言，俄羅斯資金屬於高風險級別，跟阿富汗和伊拉克的情況相近，很容易遭到嚴密審查和阻撓。由於在香港融資困難，俄羅斯電訊商Megafon和諾里爾斯克鎳業（Norilsk Nickel）退而求其次，只將部分外匯儲備轉為港元以作避險。即使俄羅斯商人要在香港開立銀行帳戶，也遇到不少困難，需要面對特別繁複和冗長的審查程序。

梁振英政府提倡香港可以在「一帶一路」上擔當「超級聯繫人」，成為連接中國與沿線國家的橋樑，鼓勵與俄羅斯加強經貿和科技合作。不過，俄羅斯奉行國家資本主義，經濟上依賴國營能源和軍事巨企，主張與中國企業建立直接聯繫，對香港的中間人角色欠缺殷切需求。這個趨勢在烏克蘭危機後尤為明顯，俄羅斯經濟出現「再國有化」情況，目光都放在拉攏中國大陸夥伴，透過香港進入中國市場的俄企普遍是中小型的（Galina, 2015），香港的所謂比較優勢未能充分發揮。根據香港的駐倫敦經濟貿易辦事處的數據顯示，俄羅斯與中國的雙邊貿易當中只有3%途經香港轉運，而貨物總值僅達 34 億美元（Hong Kong Economic and Trade Office in London, 2021）。

問俄羅斯：香港還有多少國際吸引力？

金融海嘯令俄羅斯對香港金融市場滿有期望，但克里米亞危機之後香港金融界未有對俄國企業伸出援手，使俄港關係回落低谷。2019年初俄羅斯外長拉夫羅夫訪港，嘗試與特首林鄭月娥商討在莫斯科設立香港經濟貿易辦事處，但會晤只維持了

在海參崴的香港酒店。這些在俄羅斯的香港投資活動，不算蓬勃。

半小時。《生意人報》引述知情人士透露，特區政府在這提案上遇到重大障礙，因為俄方不願賦予外交豁免權，只願意給予港府「台灣待遇」，即非官方性質的經濟和文化中心，以免觸及北京的敏感神經（Korostikov, 2019）。

俄羅斯與香港的官方交往未如雙方預期，但是兩地人文往來漸見進展。特區政府宣傳「一帶一路」的成果有待商榷，不過民間團體紛紛為港人提供到俄羅斯交流的機會，各大專院校亦開始提供俄語課程，有助增進香港人對俄羅斯的認識。另一方面，俄羅斯正說服香港延長相互免簽證入境期限至 30 天（相關細節有待雙方落實）。根據俄羅斯駐港總領事館的資料，俄羅斯訪港旅客每年共約 15 萬人次，而居港俄羅斯人達 2,500 人，較十年前有明顯增長。「一帶一路」提升俄國人對中國的興趣，而香港（相對於俄羅斯而言）的自由和國際化是否有力吸納這群專才移居，增強本港的人力資本和競爭力（Gordon, 2016）？兩地民間交流有多少進一步提升的潛能？

4

東北亞

　　澳洲的戰略與防衛專家 Brendan Taylor（2018）警告，東亞可能會是爆發第三次世界大戰的火藥庫，四大引爆點之二是東北亞的朝鮮半島和東海（另外兩處是南海和台海），而在不同程度上俄羅斯都是持分者。還有二戰後遺留至今的俄日四島領土爭議，以及冷戰時期令北京政權膽戰心驚的蘇俄蒙古駐軍近年有重演之象，對正在「向東轉」的俄羅斯而言這些是機遇還是挑戰？尤其是日、韓、朝、蒙都希望藉着自身的經濟實力或者地緣戰略條件去利用俄羅斯拓展本國的外交空間和選擇，莫斯科能夠互借東風還是落得進退失據？

日本：「後安倍時代」對俄會有更宏大視野嗎？

2020年9月中，日本新任首相菅義偉在即位後第一個記者招待會上表示「希望跟鄰邦建立穩定關係，包括中國和俄羅斯。」對於要跟後者化解北方四島（俄稱南千島群島）領土糾紛，相比起前任安倍晉三的激情，菅義偉看來低調得多——雖然是西方陣營的成員，但多年來安倍對俄積極採取友善態度，任內致力嘗試促成和談，以推動日俄關係發展，強調「不能把戰後遺留70多年的問題留給下一代，應該由我們為其畫上句號。」（Prime Minister of Japan and His Cabinet, 2019）2013年安倍內閣制定的《國家安全保障戰略》，聲言「在東亞日益嚴峻的安全環境下，日本必須在安全和能源等各個領域與俄羅斯推進合作。」（Prime Minister of Japan and His Cabinet, 2013）八年下來，和約還是空中樓閣；那麼安倍時代落幕之際，是否日俄關係重置之時？

安倍新思維契合俄國向東轉？

四島爭議是二戰遺留下來的歷史問題，多年來阻礙俄羅斯與日本的關係發展。早於1855年，俄羅斯帝國與日本締結《日俄和親通好條約》（又稱《下田條約》），為兩國劃定國界，將南千島群島的主權劃歸日本。不過在二戰結束前夕、雅爾塔會議之後，蘇聯加入對日戰爭，重新接管南千島群島。對莫斯科而言，南千島群島的控制權是遠東戰役的「戰利品」，而日本卻視之為「非法佔領」。

根據1951年的《三藩市和約》，日本表明放棄對北方四島的一切權利，但是當時蘇聯未有簽署和約。1956年蘇聯與日本簽署《日蘇共同宣言》，赫魯曉夫提議向日方移交齒舞群島和色丹島（兩島面積僅佔爭議領土的7%），作為兩國達成和平協議的回報，唯不被日方接納。四年之後日本與美國簽署《美日安全

從海參崴遠眺日本海。該海域是俄羅斯太平洋艦隊對東亞發揮影響力的重要門戶；其東北面的南千島群島主權爭議，令俄日兩國在二戰結束大半個世紀之後依然未能達成和約。

保障條約》，蘇聯撤回歸還兩島的方案，並且拒絕再與日方進行和談。

直至蘇聯解體，俄羅斯的葉利欽政府與日本恢復和談，先後簽署 1993 年《東京宣言》和 1997 年《克拉斯諾亞爾斯克協議》，倡議雙方於千禧年前達成和約，但最終受兩國內政影響而告吹。2001 年普京與日方發表《伊爾庫茨克聲明》，重申《日蘇共同宣言》的有效性，但再沒有為兩國談判訂立時間表。此後雙方屢有和談，但都缺乏實質進展。

東京具備戰略誘因化解四島爭議，並改善日俄關係，以此抗衡中國崛起和應對朝鮮核危機。雖然俄羅斯本身並不對日本構成重大安全威脅，皆因東京區分出俄國在歐洲和遠東的行為不同，但俄中軍事同盟始終是惡夢溫床（Brown, 2018）。自烏克蘭危機以還，俄羅斯與中國加強軍事合作，包括進行多款先進武器交易；2015 年兩國海軍更在日本海舉行聯合軍演。假若俄中攜手衝擊美國主導的亞太安全體系，將對依賴美國安全保障的日本構成嚴峻威脅。因此日本的外交目標旨在防止俄中結盟，而促進俄羅斯「向東轉」，減輕它對中國的依賴，無疑切

合日本基本利益。此外，在朝鮮核問題上，儘管日本與俄羅斯的策略不同，但兩國目標一致，支持朝鮮無核化。日本相信俄羅斯能扮演建設性角色，寄望莫斯科善用聯合國安理會常任理事國的身份，對平壤推行核計劃施壓，包括實施經濟制裁。相對於美國批評俄羅斯縱容平壤、制裁與朝鮮進行貿易的俄國企業，日本政府的取態相對低調，而且拒絕跟隨美國的制裁。

2016年安倍不顧美國奧巴馬政府的反對，前往俄羅斯索契（Sochi）與普京會面，表示需要「新思維」去解決四島爭議，同時提出「八點經濟合作計劃」。當時正值俄羅斯陷入國際孤立之初，日本對之提供經濟援助，自是雪中送炭，嘗試換取俄方在四島爭議作出讓步。同年底，安倍重提「兩島＋α」方案，暗示日本不再視「四島同時歸還」為簽署和約的先決條件。「兩島＋α」方案建基於《日蘇共同宣言》，由日本前首相森喜朗提出，當中「α」代表其他附加條件，包括在國後島和擇捉島展開共同經濟活動，以讓日本政府遊說民眾接受方案。此前，日本政府曾提出其他解決方案，包括「共同主權論」、「三島方案」、「面積平分法」（3.25島），但一律遭到莫斯科拒絕。

民族主義與地緣安全疑慮

安倍的「新思維」面對兩大局限，包括國內民族主義情緒和俄國地緣政治考量。根據《京都新聞》（2018）民調顯示，53%日本人贊成「先歸還兩島」方案，而認為俄羅斯應同時歸還四島的支持度則有29%。《日本經濟新聞》（2018）進行民調獲得相似的結果：46%受訪者支持「先歸還兩島」、33%傾向「四島同時歸還」，但只有5%接受日本最終只收回兩島主權。若俄羅斯堅持一貫強硬立場，「兩島＋α」方案很可能招致日本最終喪失國後島和擇捉島主權，隨時會惹起民間強烈反彈。

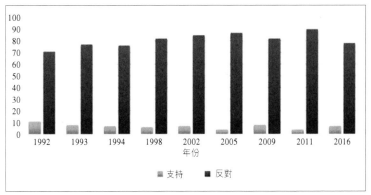

圖4.1　俄羅斯國民對於轉交南千島群島予日本的態度

資料來源：VTsIOM, 2019a, b

對於轉交南千島群島予日本，克里姆林宮也面對國內洶湧
民情。根據全俄羅斯民調研究中心的調查，96%居住在南千島
群島的俄國人和77%整體國民都反對轉交領土給日本（VTsIOM,
2019a, b）。曾受惠於「克里米亞效應」帶來極高民望的普京，
已經表明化解四島爭議需要先獲得人民支持，不願見到自身民
望再度遭受打擊。2020年普京順利修憲，新憲法禁止政府向外
國割讓領土，這將進一步令克宮在這議題上綁手綁腳。

南千島群島也涉及俄羅斯的重要戰略利益，局限了莫斯科
作出讓步的空間。四島是鄂霍次克海（Sea of Okhotsk）的天然屏
障，而俄國海軍在該水域部署彈道導彈核潛艇，以保持「第二
擊」能力。同時，俄羅斯太平洋艦隊的總部設於海參崴，而南
千島群島附近海峽為其通往太平洋的重要通道。為了鞏固對鄂
霍次克海的控制，2016年俄軍在國後島和擇捉島部署了「舞
會」和「棱堡」岸基反艦導彈系統。儘管安倍向普京承諾在歸還
的兩島上不會讓美軍設立基地，但莫斯科始終憂慮日方未能兌
現承諾。歸根究底，由於日本與美國締結了《日美安保條約》，
俄羅斯認為東京不能執行獨立的外交政策，對來自華盛頓的壓

表 4.1 「八點經濟合作計劃」具體細節

建設最尖端的日本式醫院等醫療及健康領域的合作
完善城市交通網等城市建設
擴大中小企業間的交流與合作
石油及天然氣等能源開發
為工廠提高生產率提供支援
在遠東地區振興產業及建設基礎設施
原子能及訊息科技等尖端技術領域合作
年輕人、體育及文化領域方面的人員交流

資料來源：日經中文網，2016

力說不（Miller, 2017），所以猶豫對日本歸還兩島，以免構成潛在戰略風險，讓美軍靠近鄂霍次克海，監視俄軍潛艇活動。

經濟合作成效不彰

安倍的領土談判策略從「政經一體」轉至「政經分離」，透過推動與俄羅斯的經濟合作，為談判創造條件，而不再視之為解決爭議的回報（Shagina, 2019）。安倍在索契之行向俄方提出八項經濟合作方案（表4.1），涵蓋醫療、交通、中小企、能源、工業、遠東基建、科技和文化範疇。

然而，即使日本政府向在俄投資的公司提供保障，但這招數對私營企業的影響力不宜高估；畢竟俄羅斯欠缺理想的營商環境，難以吸引日本企業投資。根據日本貿易振興機構（2017）的調查顯示，日企在俄經營面對的重大考驗包括盧布匯率波動、行政手續繁複、稅制複雜、法制不完備、政治環境不穩等

等。「八點經濟合作計劃」原擬集資90億美元，但最終實際投資額僅得26億（Pajon, 2017）。日企不熱衷於投資俄羅斯，導致克里姆林宮質疑日本政府的決心、還島後所能換取的經濟回報。

自2011年福島核電站事故之後，安倍政府致力改善能源供應多樣化，予人憧憬日俄能源合作的前景。為了彌補核電廠停止運作造成的供電缺口，日本對天然氣的需求大幅增加，並且成為液化天然氣（LNG）最大進口國。其實早於2009年日企三井物產和三菱商事已參與投資「薩哈林2號LNG」項目，當中六成產量出口至日本；然而福島核事故之後，俄羅斯對日本的天然氣出口未見大幅增長，皆因俄國油企遇到產能瓶頸，難以滿足日方需求（Abiru, 2019）。克里米亞危機爆發後翌年，基於能源價格急挫和西方制裁影響融資，俄羅斯石油公司擱置了「遠東LNG」項目；同年俄羅斯天然氣公司暫緩「海參崴LNG」項目，以集中資源興建「西伯利亞力量」天然氣管道。根據美國國際貿易局（International Trade Administration）（2019）的數據，俄羅斯大約佔日本LNG進口的8％而已，落後於澳洲（35％）、馬來西亞（14％）和卡塔爾（12％）等競爭對手。2018年起，日本財團薩哈林石油天然氣開發公司（SODECO）參與重啟「遠東LNG」項目，三井物產和日本石油天然氣及金屬礦物資源機構（JOGMEC）也購入「北極LNG-2」項目的一成股份，這些發展計劃能否為日俄能源合作帶來突破，尚待觀察。

「後安倍時代」啟動積極性

若然習近平與普京會晤頻繁足以被國際輿論渲染為「手足情深」，那麼安倍與普京交往的積極態度也毫不遜色。根據日本外交部的記錄顯示，自2012年安倍再度拜相之後，跟普京會晤了27次，在「東方經濟論壇」上也鮮有缺席（除了首屆未邀

請外國元首參與）。安倍落力化解四島爭議、推進日俄關係發展，除了國家利益，也許還涉個人考慮，意在完成亡父安倍晉太郎（前外相）的遺願，重塑日本人的民族尊嚴，讓自己名留史冊（Kireeva, 2019）。普京可能也渴望日俄簽署和約，讓他與結束二戰的歷史人物齊名；但割讓領土或令他成為民族罪人，難免彳亍不前。安倍不是沒有預見民間的反對聲音，而是相信兩位強勢領袖有足夠政治能量促成妥協，但最終事與願違。安倍再度拜相前一年（2011年），Pew 研究中心的調查透露，對俄羅斯表示反感的日本受訪者有62%；8 年之後這數字更反覆上升至69%，遠高於也是位於東北亞的鄰邦韓國（47%），更別說東南亞的菲律賓（33%）和印尼（27%）。

安倍任內的日俄關係難稱突破。務實而言，雖然領土之爭未了，但雙方建立了高層對話機制，例如自2013年起展開外交與國防「2+2」部長級對話（Tsuruoka, 2019）——此前，日本主要跟「五眼聯盟」國家進行「2+2」對話，上述安排突顯東京對俄羅斯的重視。要令到俄中拆夥，相信不是東京力所能及，但日俄關係改善，總會令俄中聯手對付日本的風險較低。然而美俄對峙、俄中走近的地緣政治變化，導致四島爭議僵持（Rozman, 2017），這對東京而言算是結構性障礙嗎？難道只能被動地苦候美俄關係緩和，日本的對俄關係才得見破局曙光？

抑或，「後安倍時代」的日本領袖應該將對俄政策放在更宏大的戰略視野當中？一直以來每論及四島爭議，普京都表現得理直氣壯振振有詞地表達俄方的立場和利益，相比之下安倍政府的言談就過分謹小慎微。日本慶應義塾大學教授鶴岡路人（Tsuruoka, 2020）就認為，新一代領導人應該在國內開誠布公地跟國民展開討論，對俄政策到底想追求哪些務實的收穫，又願意為此付出甚麼代價？東京也應該嘗試說服俄羅斯國民，領土糾紛以外，日俄之間其實在戰略、經濟以及其他事務上可以分

享不少共同利益；而這些遊說工作，都不可能假手於普京。更重要的遊說對象當然是美國——俄羅斯不願意看到外國軍隊接近其勢力範圍，自然不過。在東西德統一和北約擴員時期，美國對駐軍都有所克制，唯獨是對日本比較苛刻。在遊說莫斯科之前，東京其實應該先遊說華盛頓，宏觀上日俄合作是符合美國的亞太戰略利益的。

其實應該要有「新思維」的，還有俄羅斯。菅義偉就任之後半個月就邀請普京舉行電話會商，同意就四島爭議繼續進行和談；但日本共同社注意到，俄軍竟然在同日較後時間宣佈在國後島和擇捉島舉行反登陸軍事演習。克里姆林宮自忖在四島爭議中處於上風，滿足於維持現狀，樂於繼續等待日方作出更多讓步。然而多年來安倍政府多番展示善意，都不見克宮妥協半分。東京自討沒趣過甚，新領袖真的不會捨棄師老無功的友善政策嗎？（Brown, 2020）信誓旦旦要推動俄國發展向東轉的普京，應該消極地任由日俄關係原地踏步？

朝鮮：為甚麼莫斯科力挺金正恩政權？

2020 年 9 月俄羅斯向朝鮮無償提供五萬噸小麥，為後者的農業遭受雨災重創送上人道救援；這是繼 2 月捐贈平壤 1,500 套俄製新冠病毒實驗室診斷檢測系統之後，又一次「無私援助」。不過相對於2019年4月朝鮮領導人金正恩前往海參崴與普京舉行峰會，高調暢談各方面的發展合作，説要回復冷戰時期的「兄弟」關係，盡攬國際傳媒鎂光燈，一年之後的這些恩惠似乎令人覺得「神女襄王」的關係撲朔迷離 ——「普金會」會後沒有簽署聯合聲明，其實象徵意義勝於實際效果；即使是遠離政治的經貿合作，雙方也不見熱衷，俄國對朝鮮的出口2019年比前一年只是增加了微不足道的1,000萬美元（Gray, 2020）。

金正恩繼位以來，克里姆林宮曾經多次發出訪問邀請，包括俄羅斯紀念衛國戰爭勝利70周年慶典，但都被他以國事繁多和日程緊湊為由婉拒。而在「普金會」之前，金正恩已經不止一次跟中、美、韓三國領導人會商朝鮮半島核問題。大家應該如何理解俄朝在彼此的外交方略之中的位置和分量？

金氏的「主體」思想與平衡遊戲

二戰之後蘇聯協助金日成重建朝鮮共產黨。韓戰始於史太林批准金日成出兵南下武統朝鮮半島，並成功說服中國參與。儘管蘇聯堅拒承認曾經參與韓戰，但俄國機密檔案揭露蘇聯空軍曾經編成「第64航空隊」及派遣MiG-15戰鬥機進駐半島，並且在戰鬥中損失了319架戰機（Kramarenko, 2008）。韓戰後莫斯科與平壤簽訂《蘇朝友好合作互助條約》（1961年）締結軍事同盟，前者向後者提供豐厚的經濟援助，包括低息貸款、能源和糧食供應等，旨在協助其戰後重建和維持經濟穩定。

金日成建立、奉行「主體」（Juche）思想理論，追求朝鮮自給自足，避免過度依賴任何大國（Kim, 2019b），不依靠單一盟邦（包括中國和俄羅斯）。冷戰時期、中蘇交惡後，平壤尋求在中蘇之間取得平衡，以爭取更多外交自主性和政經援助，也鞏固金氏政權穩定。從韓戰到1958年，金日成利用民族主義意識形態逐一剷除勞動黨內的政敵，不論是「蘇聯派」還是「延安派」都無一倖免；1970年代中期，蘇聯主宰了朝鮮的能源供應，平壤跟中國合作建成「中朝友誼輸油管道」，打破前者的壟斷局面。

蘇聯解體後俄羅斯的葉利欽政府主張「全盤西化」，對兩韓採取「等距外交」，不再願意向朝鮮提供大量軍事和經濟援助，平壤唯有向中國靠攏。普京執政後主張「向東轉」，曾經親訪平

壤會晤金正日，尋求修復兩國關係。在極度個人化的政治體制下，俄朝領袖直接對話較能有效地化解誤解和分歧。

即使朝鮮和中國始終欠缺政治互信，近年來前者的經濟還是高度依賴後者。根據大韓貿易投資振興公社（2019）的報告，中國佔朝鮮外貿總額的九成六，俄羅斯作為第二大貿易夥伴只佔1.2%。早在2017年聯合國制裁朝鮮前夕，中朝貿易額高達60億美元，但多年來俄朝貿易額僅徘徊在1億至1.5億美元水平，2019年更衰退至不足5,000萬美元。兩國政府曾經寄望2020年前將總額提升至10億美元，恐怕是過於進取的目標。俄朝經貿關係未見密切，原因包括朝鮮經濟蕭條，出口貨品種類單一，加上飽受國際金融制裁所累。俄國駐平壤大使馬采戈拉（Alexander Matsegora）曾表示，俄國企業不願冒險與朝鮮經商，以免招致美國制裁（Interfax, 2019b）。

儘管俄朝經貿關係短期內難有突破，但前者對後者的外交政治價值依然實在。作為聯合國安理會常任理事國，俄羅斯有權否決安理會提案，包括經濟制裁和軍事介入，以保護朝鮮及其自身利益。2019年11月朝鮮副外長崔善姬訪問莫斯科之後一個月，俄國就聯同中國向聯合國提交一份對制裁朝鮮調整得比較溫和的新方案；再三個月後，因應疫情中俄重提放緩制裁的請求（Gray, 2020）。當然，俄羅斯不是無條件支持朝鮮，皆因莫斯科也在乎制止核武擴散，是故當年平壤一意孤行連番進行核試，安理會還是可以通過議案對朝鮮實施制裁。然而由於牽涉俄羅斯的商業利益，所以哈桑—羅津（Khasan-Rajin）鐵路線並未納入制裁方案（俄方投資高達3億美元）。

依平壤的盤算，俄朝交往具有「軟制衡」中國的作用，藉以減輕對北京的外交依賴。2019年金正恩與美國總統特朗普在河內的峰會以失敗告終之後，迅速訪俄會晤普京，促使北京堅守對朝鮮的支持。其實據俄國駐平壤前外交官托洛拉亞透露，

當年平壤願意出席六方會談商討朝鮮半島核問題，先決條件正是要有俄國參與（Toloraya, 2008）。當平壤擁有「俄羅斯牌」，在依賴北京的同時也確保不會全然變成中國的附庸國。

中國為主俄國為輔的邏輯

在朝鮮核問題上，近年莫斯科和北京以共同規範和利益為基礎，逐漸做到互相「協調」。作為《核不擴散條約》的締約國，俄羅斯與中國反對朝鮮核計劃，但同時強調要和平解決問題，政權更迭並不可取。俄中對此存在平行利益，前者藉此發揮大國影響力，而後者着緊維持邊境安全（Wishnick, 2019b）。俄羅斯提議重啟六方會談、擔當調停者角色，展示與東北亞衝突的關連性不容被邊緣化。中國視朝鮮為東北地區的戰略緩衝區，與駐韓美軍保持距離，半島穩定對維護中方核心利益尤關重要。

由此，俄中具有充分條件互相合作。2017年兩國共同提倡化解核危機的「路線圖」，糅合了中方的「雙暫停」（平壤暫停核導活動以換取美韓暫停大型聯合軍演）和「雙軌並行」（實現半島無核化及建立半島和平機制），以及俄方的「分步走」設想。最近就是前述有關解除部分制裁措施的共同呼籲，為實現半島無核化創造有利條件，但未獲其他安理會成員國和議。

莫斯科在這問題上甘於退居次席，讓北京扮演主導角色。今天的俄羅斯欠缺中國的雄厚財力向平壤提供巨額經濟援助，充其量只能免去平壤在蘇聯時代拖欠的100億美元債務；跟中方爭奪影響力並不「務實」、不合乎商業利益（Zakharova, 2016）。根據《韓國先驅報》報道，2019年首八個月中國向平壤提供了3,500萬美元經濟援助，估計包括化肥和白米（Kim,

2019a）。反觀俄方，建築公司 Mostovik 曾於 2014 年宣佈「勝利」項目，透過開採朝鮮的礦產以籌集資金協助其鐵路網進行現代化，投資金額高達 250 億美元。然而翌年 Mostovik 因財困宣佈破產，導致相關項目無疾而終。

除了「不能」與中國競爭，克里姆林宮也認為避免扮演中國的競爭者為明智之舉。朝鮮半島對中國的重要性遠勝於俄羅斯，克宮盡量避免損害中國利益以削弱兩國戰略夥伴關係。俄羅斯默許朝鮮被中國納為勢力範圍，也期望北京「禮尚往來」，讓莫斯科在烏克蘭和敍利亞問題上佔有主導地位（Lukin, 2019a）。克宮秉持現實政治原則、大國政治思維，不難理解為何它樂於在朝鮮核問題上以北京馬首是瞻。

為甚麼金正恩政權重要？

對於朝鮮半島統一，克宮一直不置可否——不同的路線圖、時間表，對俄羅斯有利有弊。2020 年 9 月韓國統一部長李仁榮請求俄羅斯在兩韓關係上扮演建設性角色，又強調俄朝韓三邊合作的重要性（Yonhap, 2020）。朝鮮半島維持穩定有助推動「跨朝鮮半島天然氣管道」及「鐵絲路」項目，為三國帶來經濟效益。不過俄羅斯認為兩韓和平共處知易行難，既講求兩韓領袖的政治意志，也需要美國放棄對朝鮮採取「極限施壓」（Ponomareva & Rudov, 2016）。此外，儘管克宮聲稱支持朝鮮半島和平統一，其實明瞭這很大機會就是韓國接管朝鮮。一方面這或將意味着更多的經濟合作機會，但更實在的是改變了東北亞的勢力平衡，很可能導致美軍進一步靠近俄羅斯邊境，而俄羅斯太平洋艦隊的出海口就在朝鮮東部沿海一線，這種演變無疑對俄國構成嚴峻的戰略風險。

於是，莫斯科對朝政策的首要目標是鞏固金氏政權穩定，希望半島局勢維持現狀。朝鮮政局不穩也或將威脅俄遠東地區發展，畢竟兩國共享17公里陸地邊界。儘管俄羅斯官方反對朝鮮核計劃，但克宮明白金氏擁核才能鞏固政權，不願看見金正恩重蹈薩達姆和卡達菲因棄核而喪權絕命的覆轍。普京嘗言「除非朝鮮人能感受到安全，否則他們寧願吃草也不會放棄核導計劃」，未必無理（Kremlin, 2017）。2019年5月平壤試射短程導彈，被質疑跟可搭載核彈的俄製「伊斯坎德爾」（Iskander）導彈極為相似，但到底它如何獲得該種武器，西方不無憂慮。美國也曾指控俄羅斯有系統地違反聯合國對平壤的制裁，例如透過「船對船」方式向朝鮮非法轉移石油，以躲避遭受全球港口禁令的限制；莫斯科亦設法阻撓了聯合國安理會朝鮮制裁委員會公佈一份詳述俄國違反制裁的報告。

從政治經濟學看，本來最令俄國商人感興趣的，是數以萬計廉價、高效、循規蹈矩的朝鮮勞工，一直以來是這些勞動力最主要的「入口商」，為長期缺乏勞工的俄遠東地區提供重要補充，朝鮮也因而獲利以億美元計。聯合國制裁決議要求將這些勞工在2019年年底前遣返，俄羅斯無奈依循——按常理觀察，作為安理會常任理事國，莫斯科不至於明目張膽地違反自己有份通過的決議案。不過，在同一時期俄國政府發給朝鮮的遊客和學生簽證數字大幅飆升，俄朝兩國的葫蘆裏在賣甚麼藥，惹人揣測（Lukin, 2019b）。

有關兩國經貿交往不振，其實也不能全然歸咎於聯合國制裁。蘇聯崩潰前夕，兩國的貿易額一到高達24億美元，背後不會沒有政治操作。俄國遠東發展部長Alexander Galushka在2014年高調表示要大力推動對朝經濟關係，但在2014–15年提出的一系列計劃，到2016年都悄然終止；從Galushka宣言到2017年聯合國制裁前夕的三年裏，俄朝貿易數字根本就沒有多少起

泛韓鐵路貫通之後,與泛西伯利亞鐵路連接,穿過歐亞大陸之後直達歐洲,大大有利於朝鮮半島的地緣經濟發展。

色。俄國在朝鮮對三大基建項目比較積極:跟泛西伯利亞鐵路網絡連接的泛韓鐵路,途經朝鮮國境為韓國市場提供天然氣的輸氣管道,以及途經朝鮮國境為韓國消費者提供電力的的供電網絡。不過除了提供土地空間之外,平壤對這些項目不太熱心——金正恩是聰明人,固然明白一旦韓國選舉讓右翼政客上台執政,或者另一位美國總統不再容忍輸氣管道或供電網絡穿越朝鮮,這些基建對他的政權就無關宏旨了。而沒有朝鮮資金投入,俄國企業也不會只顧一廂情願,除非克宮能令他們相信,朝鮮半島會有至少10–15年的和平穩定(Lankov, 2020)。

　　所以,這邊廂金正恩樂見莫斯科繼續參與東北亞的大國博弈遊戲,那邊廂克宮也願意留在局中。前述的所謂「俄羅斯牌」,其實不只用於應對北京,或也可用於對華盛頓、首爾甚或東京的牌局。朝鮮半島局勢再次陷入僵持狀態,其實對俄羅斯也不無益處,藉以避免親中、親美勢力取締金氏政權接管朝鮮。與此同時,俄羅斯將繼續提倡以多邊形式處理相關問題,意在防止局勢升溫及改善大國形象。

韓國：當「向東轉」遇上「新北方政策」

2020 年是俄羅斯與韓國紀念建交 30 周年。此前三年在第三屆俄羅斯「東方經濟論壇」上，韓國總統文在寅提出「新北方政策」，形容它與普京的「新東方政策」背負相近使命，強調韓國能擔當俄羅斯遠東發展的重要夥伴（Cheong Wa Dae, 2017）。翌年文在寅對俄羅斯進行國事訪問，與前總統金大中訪俄相隔將近 20 年，成為首位在國家杜馬發表演說的韓國領袖，會上宣揚「新北方政策」與俄韓關係發展。

俄羅斯與韓國合作的利益契合，而且相對而言雙方的歷史包袱也較小。兩國追求朝鮮半島局勢穩定，而克里姆林宮渴望擴大在東北亞的政治影響力，也視韓國為重要的貿易和科研夥伴。雖然首爾認為俄羅斯的國際地位日漸下滑，對東北亞安全的角色有限，但也相信兩國合作有助邊緣化朝鮮，以及抗衡中國和日本的地區勢力，甚或獲取重要礦產資源。

韓國前總統朴槿惠曾提出「歐亞倡議」（Eurasia Initiative），同樣旨在跟俄羅斯提升關係，但成效不似預期。文在寅汲取了前朝教訓，專門設立「北方經濟合作委員會」以作規劃和監督，促進青瓦台與俄羅斯遠東發展部的聯繫和溝通。在俄國「向東轉」和文在寅的「新北方政策」之下，兩國關係將會如何發展？這裏將探討韓國如何參與俄羅斯遠東發展，並對俄羅斯、朝鮮、韓國的天然氣和鐵路合作項目進行個案分析，剖析多年來雙方的謀略，以及限制所在。

「新北方政策」對俄遠東發展有多大幫助？

韓國視俄羅斯遠東為進軍歐亞的踏腳石，具備潛力成為未來地區經濟樞紐，是跟中國、蒙古、朝鮮等展開多邊合作的平台。傳統上，韓國是俄羅斯遠東的主要貿易夥伴，與中國和日

表 4.2 「九橋戰略」具體規劃

九橋戰略	
天然氣	追加引入俄羅斯液化天然氣管道，實現天然氣進口渠道多元化，將來連接俄朝韓之間的輸氣管道
鐵路	積極調動西伯利亞鐵路的運輸功能，節約物流成本，將西伯利亞鐵路與兩韓鐵路連接起來
港口	對扎魯比諾（Zarubino）等遠東地區港口開展現代化和建設工程
電力	利用新再生能源，構建東北亞超級電網，即韓、中、蒙、日、俄之間建造連接、共享電力的廣域電力網絡
北極航線	開拓北極航線為新物流渠道，發掘北極航線商業潛力，引領北冰洋市場
造船	建造前往極地的破冰液化天然氣運輸船及建立造船廠
農業	為種子開發、栽培技術研究等，擴大韓俄之間的農業合作
水產	構建濱海邊疆區水產綜合園區，擴大漁業捕撈配額，以確保水產資源
工業園區	通過韓朝俄之間的合作，形成濱海邊疆區工業園區

資料來源：Presidential Committee on Northern Economic Cooperation, 2017

本平分秋色，三國合共分享俄遠東七成的對外貿易額。根據俄羅斯遠東區總統特使特魯特涅夫（Yuri Trutnev）透露，2018 年俄羅斯與韓國的雙邊貿易額達 248 億美元，當中三分一發軔於遠東地區（Russia Today, 2019）。

作為「新北方政策」的具體行動計劃，「九橋戰略」（9-Bridge Strategy）鼓勵韓國與俄羅斯遠東在天然氣、鐵路、港口、電力、北極航道、造船、農業、水產和工業園區九大重要領域加強合作。這政策願景宏大，但青瓦台能否將之付諸實行？

在普京與文在寅的見證下，俄羅斯遠東發展基金與韓國進出口銀行（KEXIM）於 2017 年簽署協議，共同建立涉及 20

億美元的融資平台，鼓勵韓國投資者參與遠東發展項目（Far East Development Fund, 2017）。同年，大韓貿易投資振興公社（KOTRA）於海參崴設立辦事處，充當韓國商人與當地政府互通資訊的平台。

然而直至現在，韓國進出口銀行只曾對樂天集團提供貸款，協助它收購濱海邊疆區的農業企業，未能充分發揮其融資角色。根據俄羅斯中央銀行（2020）的數據顯示，在過去五年間，韓國於俄羅斯的外國直接投資未見起色，僅徘徊在大約每年一億美元，佔俄國總體外國直接投資不足1%。

「新北方政策」暫時未能帶動韓國對俄羅斯遠東的投資，皆因當地投資環境令韓國企業卻步，西方制裁也對俄國經濟造成不穩定因素。根據大韓貿易投資振興公社莫斯科辦事處主任的訪問披露，韓國企業在俄羅斯投資遇到不少障礙，例如盧布匯率波動、語言不通、對市場認知不足等（Gazeta, 2018）。

有見及此，韓國企業要求當地政府投入更多資源改善基建，包括高速公路和港口的連通性，否則它對韓企的樞紐作用將會大打折扣。與此同時，韓國投資者寄望俄方政府為外資項目提供政治保障、簡化官僚程序、整肅貪污問題等（Ivashentsov et al., 2013）。儘管首爾譴責俄羅斯吞併克里米亞，但未跟隨西方國家對俄國實施制裁。不過，西方制裁導致俄國經濟停滯，限制其戰略產業對外融資，使韓國企業在俄羅斯難以覓得有利可圖的投資項目。

俄羅斯—朝鮮—韓國三邊合作的曙光與烏雲

在朝鮮半島局勢稍為緩和的情況下，涉及俄羅斯、朝鮮、韓國三邊合作的「跨朝鮮半島天然氣管道」（Trans-Korean

Pipeline) 及「鐵絲路」(Iron Silk Road) 項目，一度顯現重啟的跡象。除了帶來經濟效益以外，三國的天然氣和鐵路合作讓朝鮮參與其中，首爾期望這能逐步建立兩韓互信，長遠為朝鮮半島帶來和平局勢，這固然也應該是莫斯科所樂見的。

早於 2003 年，俄羅斯天然氣公司 (Gazprom) 與韓國石油公社 (KOGAS) 共同對「跨朝鮮半島天然氣管道」進行初步研究。五年後雙方簽署諒解備忘錄，同意俄羅斯向韓國輸氣。2011 年兩國敲定供氣路線圖，管道總長 1,100 公里，其中 700 公里屬於朝鮮領土，每年輸氣量可達到 100 億立方米，造價約為 25 億美元 (Reuters, 2010)。同年底，朝鮮前領導人金正日逝世，平壤進行第三次核試，使項目無限期擱置。近年兩韓關係回暖，俄韓油企同意對天然氣管道的經濟及技術可行性重新進行評估，讓項目有望重見天日。

從經濟效益而言，「跨朝鮮半島天然氣管道」對俄朝韓三國都有利可圖。韓國從俄羅斯進口管道天然氣，可降低其能源進口開支，因為管道天然氣普遍較液化天然氣便宜。同時，韓國將天然氣進口來源變得多元化，減少對中東及東南亞國家的進口依賴。對俄羅斯來說，跟兩韓的天然氣合作加速其能源出口「向東轉」，降低傳統上對歐洲消費者的依賴，亦避免過度倚靠中國市場。另一方面，朝鮮參與天然氣管道項目，有望獲得可觀的能源中轉收入，預計每年賺取 1.75 億美元 (Yonhap, 2018)。

政治上，「跨朝鮮半島天然氣管道」的前景飽受朝鮮核問題影響。管道沿經朝鮮，變相使平壤擁有能源武器，可威脅切斷供應，或影響俄韓能源輸送的穩定性。反過來說，文在寅政府認為朝鮮不會貿然放棄中轉收入，反而天然氣管道增加平壤的談判籌碼，有助修復北韓對首爾的信任。「新北方政策」的核心概念，正是透過經濟誘因推動朝鮮半島和平局勢。

此外，聯合國對朝鮮、美國對俄羅斯實施經濟制裁，同樣阻礙俄朝韓天然氣合作。2016年底平壤進行第四次核試後，聯合國安理會通過第2321號決議案，對朝鮮實施金融制裁，使俄羅斯和韓國不能為天然氣管道的朝鮮段籌措資金。在文在寅提出「新北方政策」前不久，美國發佈《美國敵對國家制裁法案》（CAATSA），威脅會制裁參與俄羅斯天然氣管道項目的投資者，令韓國企業怯於與俄方合作。透過對朝鮮和俄羅斯實施經濟制裁，美國左右着「跨朝鮮半島天然氣管道」的發展（Lee, 2019）。

另一方面，文在寅提出的鐵道規劃將兩韓鐵路與西伯利亞鐵路連接，其實承繼朴槿惠的「絲綢之路快車」（Silk Road Express），也是普京的個人政治工程之一——「鐵絲路」。2000年普京對朝鮮進行國事訪問、出席聯合國千禧年首腦會議，分別與金正日和韓國前總統金大中就「鐵絲路」取得共識。「鐵絲路」可締造三贏局面：俄羅斯擴大在朝鮮半島的影響力、朝鮮獲取鐵路過境費、韓國減少從俄羅斯進口煤炭的運輸成本（Joo & Lee, 2017）。

2008年，俄羅斯與朝鮮建立合資企業羅先貨櫃運輸公司（RasonConTrans），負責重建哈桑—羅津（Khasan-Rajin）鐵路線，並協助羅津港的現代化建設，又爭取在五年後重新開通鐵路。同年，普京對韓國進行國事訪問，與朴槿惠政府呼應鐵路合作的重要性，並且遊說韓國企業加入羅先貨櫃運輸公司，包括收購俄方一半控制權。在韓國企業與俄方談判期間，哈桑—羅津鐵路進行三次試運，將俄羅斯煤炭經羅津港運往韓國釜山，以測試其經濟效益。然而隨着平壤進行第五次核試，韓國政府宣佈無限期停止參與哈桑—羅津鐵路。

位於首爾戰爭紀念館的兄弟雕像。當年沒有蘇聯的支持，金日成幾乎不可能發動韓戰。今天，韓俄積極改善關係，是為改變朝鮮半島勢力均衡的重要一着。

　　在俄羅斯的積極斡旋下，哈桑—羅津鐵路至今未受聯合國制裁，但卻在美國的制裁名單之上。羅先貨櫃運輸公司總裁佟基（Ivan Tonkih）坦言，俄韓企業和投資者均不願參與哈桑—羅津項目，以免招致美國制裁（Tanaka, 2017）。2018年文在寅與普京發表聯合聲明，特別提及哈桑—羅津鐵路，強調項目有助推動東北亞的繁榮穩定，並且同意對鐵路連接進行聯合研究。時任北方經濟合作委員會委員長宋永吉同年致函特朗普，請求美國撤銷對哈桑—羅津項目的制裁，以獎勵平壤對朝鮮半島無核化作出承諾，唯未有獲得美方回應（Yeo, 2018）。

韓國借力俄羅斯，免當美國附庸？

　　2020年2月，韓國貿易協會引述韓國經濟研究院發表的《新北方政策之經濟效果及分析：韓—俄羅斯/韓–EAEU FTA》報告透露，首爾積極爭取在2021年與俄羅斯和歐亞經濟聯盟（Eurasian Economic Union, EAEU）完成簽署自由貿易協定（Free Trade Agreement, FTA），希望是全面地包括服務、投資和貨品領域（Jeong, 2020）。此後，韓國對俄出口估計增加40%，總體貿易收支每年可望改善24億美元；跟歐亞經濟聯盟的總貿規模預計也成長46%。首爾希望經貿版圖未來可以擴展至跟其他獨立國家聯合體成員，倘能簽訂自由貿易協定，「新北方政策」展現成效，可望改善韓國的不均衡貿易結構。能否成事，拭目以待。

　　文在寅政府加速推動「新北方政策」，跟朝鮮和俄羅斯（以至前蘇聯勢力範圍）展開三邊合作，可惜雄圖壯志遭受美國制裁的嚴重約束。在對朝政策上，青瓦台與白宮的策略分歧逐漸浮現。美國主張對朝鮮採取「極限施壓」（maximum pressure），透過國際制裁迫使金正恩政權重返談判桌，被莫斯科抨擊或將引致朝鮮半島局勢惡化。反之，文在寅奉行「綏靖」（appeasement）政策，通過兩韓對話和合作，驅使平壤放棄核武，讓它與俄羅斯和中國有較多發展空間。追源溯始，韓國與美國在朝鮮半島的戰略目標迥異：美國需要消除朝鮮的核威脅，而韓國則追求實現「兩韓統一」。

　　雖然韓國仍然要依賴美國的政治和軍事支援，但首爾也設法尋求地緣政治突破，為自己爭取更多利益。跟俄羅斯提升關係，正合心意。在中美矛盾升溫、東北亞局勢不穩逐漸重現之際，小國韓國會否淡出對強國的屈從，改與第三方俄羅斯發展關係，謀求在大國博弈中拓寬自主性空間？

蒙古：重歸莫斯科麾下？

2020 年夏天俄羅斯主導的集體安全條約組織正式邀請蒙古加入。觀乎近年聲言要爭取成為東亞唯一的永久中立國，一些國際輿論對蒙古的態度審慎觀望；但也有論者認為蒙古加入只是時間問題，屆時俄蒙的軍事力量就會在蒙古南部呈現一個往南擠壓的箭頭形狀（波露茹瑪，2020），這對中國北方邊防造成的壓力可想而知。形勢會否如此拉緊，或許言之尚早，但在朝鮮半島核危機和俄日領土糾紛之外，近年來俄蒙關係重新走近，實在是東北亞地區安全另一個應予認真關注的課題。

前門拒虎後門進狼？

早於 1915 年，中國北洋政府、沙俄帝國與蒙古簽訂《中俄蒙協約》，俄中兩國達成共識將蒙古劃分為中國領土，但同時享有自治權。然而隨着帝俄覆亡、中國陷入軍閥混戰，六年後蒙古在蘇聯支持下脫離中國獨立，但未得到其他國家承認。1924 年蒙古人民革命黨執政，蒙古逐漸成為蘇聯的「衛星國」，唯莫斯科馬首是瞻。根據二戰後簽訂的《中蘇友好同盟條約》，蒙古舉行獨立公投並獲得通過，南京正式承認其獨立地位。及後蘇共和中共政權交惡，1960 年代初蘇軍進駐蒙古，烏蘭巴托也利用「中國牌」從蘇聯獲得更多經濟援助。1966 年兩國簽訂《蘇蒙友好合作互助條約》，雙方締結軍事同盟；不少國際輿論嘲諷蒙古幾乎是蘇聯的第 16 個加盟共和國。

蒙古是位於俄羅斯和中國之間的內陸國家，與兩國分別共享 3,500 和 4,676 公里陸地邊界，戰略價值之高可想而知。蘇聯曾在蒙古境內駐有大軍 12 萬人，是為中蘇對抗最重要的前線

地區之一。到了戈爾巴喬夫時代的「新思維」外交之下，莫斯科尋求蘇中關係正常化，而當中的重大障礙正是蘇聯在蒙古駐軍。從1989至1992年，蘇/俄軍從蒙古陸續撤離。

蘇聯面臨解體之際，蒙古率先於1990年實現民主化，擺脫蘇聯宰制，成為與它平等交往的獨立主權國家。外交方針上，蒙古新憲法強調其中立性，既與俄羅斯和中國奉行「等距外交」，不會介入兩國之間的糾紛，同時與美國為首的「第三鄰國」發展關係，尋求實現外交多元化。在葉利欽時代，俄羅斯與蒙古不再延續軍事互助承諾，而經貿往來也急速冷淡，兩國關係乏善足陳（Batbayar, 2003）。不過在上任後首年，主張俄羅斯「向東轉」的普京歷史性出訪蒙古，為蒙俄關係燃起新希望。

冷戰結束後，中國取代了蘇聯在蒙古經濟中的主導角色，但經濟依賴卻觸發烏蘭巴托對國家安全的憂慮。根據蒙古國家統計局（2020）數據，中國是蒙古的最大貿易夥伴，佔其總出口的94%及總入口的42%；中國也是蒙古的第二大外國直接投資者，2019年投資總額達48億美元，主要集中於採礦業（Doojav, 2019）。此外，近年來蒙古負債累累，而最大債權國也正是中國，佔其外債的六成。

儘管經貿往來頻繁，但美國國際共和學會（2017）的民調發現，蒙古國內充斥着反中情緒，蒙古人對中國的反感度高達53%。利用蒙古對其經濟依賴，中國逐步擴大在當地的影響力，甚至試圖影響烏蘭巴托的決策，難免「喚醒」了蒙古人的民族主義情緒。2016年底蒙古接待西藏流亡精神領袖達賴喇嘛後，遭到中國的懲罰性經濟措施，包括擱置了一筆42億美元貸款，迫使烏蘭巴托作出道歉及承諾不再允許達賴訪問。烏蘭巴托管治能力不足，未能捍衛外交自主性，進一步增強當地民眾對「中國威脅」的恐懼。2020年夏天，中國在內蒙古推行漢語教學，連蒙古前總統也加入抗議行列。

俄羅斯是較小之惡？

　　上述共和學會的調查透露，反而有九成蒙古受訪者對俄羅斯存有好感。曾經批評蒙古經濟遭受「南部國家」威脅、提倡與俄羅斯提升關係的巴特圖勒嘎（Khaltmaagiin Battulga）在2017年當選總統，重新尋求在中國與俄羅斯之間取得平衡。作為世界摔跤冠軍，巴特圖勒嘎嘗試與柔道高手普京建立私人關係，為蒙俄交往帶來突破。他相信俄羅斯是提供政治、經濟和軍事支援的重要來源，深化兩國合作具備軟制衡中國的作用（Reeves, 2015）。

　　莫斯科也樂於跟烏蘭巴托致力修復關係，有助避免兩國過度依賴中國，也爭取更多籌碼與北京討價還價。2003年俄羅斯免去蒙古拖欠的114億美元債務，2009年兩國建立戰略夥伴關係，2014年雙方恢復免簽證待遇。此外，蒙古極度依賴俄羅斯能源以滿足發展需要，大約九成石油進口源自俄國。2019年年底蒙古總理訪俄，雙方簽訂電能供應合作文件，莫斯科藉此令蒙古不會依賴中國發展水力發電。

　　莫斯科看準蒙古對中國的危機感，利用「兩害取其輕」的邏輯，試圖遊說烏蘭巴托再次成為其勢力範圍（Radchenko, 2020）。除了集體安全條約組織之外，俄羅斯主導的歐亞經濟聯盟也邀請蒙古加入為成員國，以推動區域經濟融合。俄羅斯外交部也不只一次聲稱，擔任觀察員多年的蒙古對成為上海合作組織正式成員深感興趣，而莫斯科定必支持。

　　向來善用能源經濟作為戰略工具的克里姆林宮，也打算讓蒙古從中分一杯羹——為免歐洲能源市場因為美國對俄制裁而生變，莫斯科希望擴大出售天然氣到中國的市場分額，將為「西伯利亞力量-2」管道開闢通過蒙古向中國輸氣的新路徑；成事的話，年運力可達500億立方米，按目前的過境管道輸送

烏蘭巴托草原上的牧民。冷戰時期蘇聯在蒙古的駐軍,是北京政權最大的安全威脅。今天,蒙古會透過加入集體安全條約組織重歸俄羅斯麾下,抑或認真爭取成為東亞唯一的永久中立國?

費價格,每年可為蒙古帶來10億美元收益(BBC News 中文,2020b)。通過蒙古,也是俄羅斯將農產品從陸路運往中國市場的最快路徑。反過來說,假如蒙古成為中國經濟的傀儡,俄國就要跟中國「共享」70%的邊界,屆時前者對後者的經濟依賴更難逆轉(Simes, 2019)。

相對於參與俄羅斯主導的區域組織,烏蘭巴托其實更熱衷於中國、蒙古和俄羅斯的三邊合作,在制度上與俄中「平起平坐」。中國「一帶一路」倡議最初繞過蒙古,俄中兩國愈走愈近,蒙古彷彿面臨邊緣化困境,於是烏蘭巴托提出三邊合作機制,獲得莫斯科呼應。2014年底三國元首舉行峰會,會上習近平提出共建「中蒙俄經濟走廊」,包括「絲綢之路經濟帶」、「草原之路」和歐亞經濟聯盟的戰略對接。蒙古「草原之路」

倡議旨在推動其鐵路現代化，讓烏蘭巴托成為俄羅斯與中國之間的經濟通道，確保蒙古利益不會被忽略。

然而，中蒙俄三邊合作面對不少挑戰，包括缺乏建設資金和鐵路軌距差異問題（Otgonsuren, 2015）。蒙古的政策規定，政府必須持有鐵路的五成一股權，以保護其戰略資產控制權。當目前蒙古面臨財困，對中國資金又有所猜忌時，其鐵路現代化計劃難免受到影響。此外，由於俄羅斯與蒙古共同擁有烏蘭巴托鐵路，所以蒙古境內鐵路網採用俄式 1,520 毫米寬軌，有別於中國鐵路的 1,435 毫米標準軌距。蒙古曾擱置與中國合作的跨境鐵路項目，巴特圖勒嘎當時批評「如果我們建造中國使用的窄軌鐵路，那麼（中方）坦克在極短時間內能輕易滲透蒙古」（Dettoni, 2014）。蒙古選擇軌距存在國家安全考慮，當中也牽涉俄羅斯的地緣政治計算；當蒙中兩國之間的鐵路需要耗時換軌，其運輸效率和成本效益將會大打折扣。

「第三鄰國」可靠嗎？

根據《蒙古外交政策構想》，烏蘭巴托也希望爭取與「第三鄰國」建立關係，推動「多支點」外交，從而約束俄中兩國的勢力。「第三鄰國」由美國前國務卿貝克（James Baker）於 1990 年代初提出，作為美國對蒙古民主化的道義支持，鼓勵烏蘭巴托與其他西方民主國家開展關係。作為首位訪問蒙古的美國總統，喬治布殊亦曾表示「美國很榮幸稱呼您為『第三鄰國』」（U.S. G.P.O., 2005）。

此外，蒙古與近鄰日本和韓國等東北亞國家發展關係，也跟歐盟簽訂「夥伴合作協定」。軍事上，蒙古加入北約「和平夥伴關係計劃」，並且參與它在阿富汗的維和行動。經濟上，蒙古分別從亞洲開發銀行和歐洲復興開發銀行累積獲得 20.5 億和 17

億美元的發展援助（ADB, 2020；EBRD, 2019）。在歐亞融合的熱潮下，近年蒙古重新演繹「第三鄰國」政策，將外交活動擴展至印度、土耳其、伊朗等歐亞國家（Campi, 2018）。2020年土耳其就甚為落力地跟蒙古企業合作生產口罩和醫療用品，又熱心地為農民興建大型倉庫，有論者認為莫斯科對拉攏烏蘭巴托愈見着緊，要抗衡的不單只是中國，還有近年因為敘利亞和利比亞糾紛而跟它的關係漸趨複雜的土耳其（Hussain, 2020）。

烏蘭巴托也主動提倡美國、日本和蒙古組成「民主三邊合作機制」，以緩解華盛頓對中蒙俄三邊合作而可能產生的不滿。然而美日蒙三國會晤僅停留在部長級層面，較中蒙俄的元首會議遜色。在美國的「印太戰略」中，蒙古的戰略價值不容忽視，地緣上可以從北面將中國圍堵。2019年夏天巴特圖勒嘎接受特朗普邀請訪問華盛頓，會後兩人宣佈美蒙將提升至戰略夥伴關係。不過，烏蘭巴托仍然憂慮美國對蒙古重視不足。2018年特朗普與金正恩舉行歷史性峰會，蒙古曾經提議美朝兩國選址烏蘭巴托，但「特金會」最終在新加坡舉行。此外，美蒙兩國缺乏實質的經貿往來，《蒙古第三鄰國貿易法》──美國對蒙古商品實施免稅安排──多年來也未能在美國國會通過。2020年10月美國國務卿蓬佩奧取消對蒙古的訪問，恐將進一步加深烏蘭巴托的質疑（Tiezzi, 2020）。

觀乎其近代發展史，蒙古致力擺脫先天地理限制，主動尋求機會成為獨立自主國家，而不是被動地任由俄中兩國主宰其命運（藍美華，2017）。不過卡迪夫大學國際關係教授Sergey Radchenko（2018）提醒，當西方國家逐漸對蒙古失去興趣，將導致其「第三鄰國」外交步履維艱，讓烏蘭巴托重新面對地緣政治的殘酷。逾百年前的《中俄蒙協約》被喻為蒙古的《慕尼黑協定》，今天烏蘭巴托如何能夠避免再次被俄羅斯與中國決定其命運，正是蒙古菁英日思夜想的重要課題。

5

東南亞

　　多年來俄羅斯都希望連通南北，與東盟新興市場連結起來，但雙方的經貿合作潛力為何未能充分發揮？克里姆林宮傾向於跟東南亞各國在經貿、軍事、資源開發等方面發展雙邊關係，反而更加事有可為嗎？南海是東亞四大引爆點之一，在那裏俄羅斯應該扮演局外人、搗蛋鬼還是調停者？越南和新加坡的個案分析有助大家對「向東轉」的可能性和局限性看得更為清楚。

東盟：莫斯科的承諾言過其實？

2020年6月，俄羅斯與東盟的兩場交往交疊觀之，饒有趣味。17日俄羅斯駐東盟大使 Alexander Ivanov 跟諸國外長舉行視像會議，侃侃而談雙方如何合作推動後疫情時代各方面的復蘇，包括金融穩定、食物安全、供應鍊和連通性的恢復、市場開放、數碼經濟等等，認為應該聚焦在現有的區域組織去開展多邊主義合作（例如東亞峰會、東盟防長會議）；他特別提到印尼外長 Retno Marsudi 的主張：在東盟應對傳染病的集體努力上，俄羅斯可以扮演「錨」的角色（Ivanov, 2020）。但不足十天之後，第36屆東盟峰會公佈主席聲明，對中國在南海的所謂歷史權利提出異議，卻將俄羅斯置於很是尷尬的位置，因為莫斯科對南海問題的所謂立場中立，說穿了其實是希望盡量保持戰略性模糊（Espena, 2020）。普京總統曾經聲言要跟東盟建立長遠夥伴關係，其實有多認真、在哪方向上認真？要考察俄國「向東轉」，這是不能迴避的重要問題之一。

戰略夥伴：東盟的希冀與俄國的言行

東南亞五國（印尼、新加坡、馬來西亞、菲律賓和泰國）於1967年成立東盟，奉行「反共」外交政策、視蘇聯為安全威脅，雙方缺乏聯繫。隨着蘇聯解體、意識形態之爭不再強烈，俄羅斯與東盟於1996年重新建立對話夥伴關係。與此同時，東盟進行擴張，吸納了越南、緬甸、老撾和柬埔寨等共產政權國家。首屆「東盟—俄羅斯峰會」於2005年在吉隆坡舉行，標誌雙方關係提升至全面夥伴關係。六年之後，以促進東南亞地區安全合作的東亞峰會接納俄羅斯與美國為正式成員國（其他成員包括東盟及中國、日本、韓國、澳洲、新西蘭和印度）；但一直

到 2018 年底普京才首次出席東亞峰會，並且在第三屆「東盟—俄羅斯峰會」宣佈雙方締結戰略夥伴關係。多年來，美國與中國主導着東南亞的發展，東盟諸國在軍事上依賴美國、經濟靠攏中國。不過近年在中美關係瀕臨破裂的形勢下，俄羅斯與東盟加強合作，背後固然蘊藏重要的戰略動機；而俄羅斯嘗試扮演的角色，又能否、怎樣跟東盟的動機磨合？

對於俄羅斯的戰略重心轉移至亞洲，主張平衡外交的東盟國家表示歡迎，希望被逼在美國和中國之間選邊站隊的壓力之下尋求喘息空間。東盟素來奉行「大國平衡」戰略，大國之間互相競爭，小國透過主動與不同大國交往來確保自身的戰略自主性，也希望阻止任何勢力成為區域霸主。看看東盟地區論壇的組合——東南亞國家希望美國參與更多地區事務，從而遏止中國崛起；但同時為中國和俄羅斯提供平台推動世界多極化，對美國「單極時刻」的正當性提出質疑（Emmers, 2001）。

由此，東盟既獲得美國的軍事保障，也受惠於中國經濟高速增長，一度左右逢源。不過隨着中美矛盾愈趨激烈，東盟承受着被迫選邊站隊的巨大壓力，曾經行之有效的平衡戰略深受考驗。那麼，俄羅斯更多地參與東南亞事務，對美中兩國發揮一點「軟制衡」作用，愈見重要（Martynova, 2014）。當美中都提防俄羅斯在東南亞乘機坐大，也許能減少雙方在區域內的磨擦，間接為東盟騰出戰略空間。

莫斯科多次表達東盟是重要的新興力量，有望成為多極世界的其中一極，支持「東盟中心性」，批評美國的印太戰略和「四方安全對話」（Quad）是將東盟邊緣化。俄羅斯提出的反調是「大歐亞夥伴關係」，聲稱顧慮了東盟的危機感，倡議建立以現有區域組織為基礎的合作網絡，尤其是東盟、歐亞經濟聯盟和上海合作組織之間的互動協作。

按克里姆林宮「向東轉」的戰略理念，東盟固然具有重要性。對俄羅斯而言，亞太地區區域組織的會籍關乎國家威望，象徵區內國家認同其大國地位（Rangsimaporn, 2009）。俄羅斯自信有資格加入所有亞太區域組織，而東盟則在東亞融合過程中扮演主導角色；因此，東盟支持它爭取成為各大組織的成員，作用重大；獲得了東盟地區論壇和亞太經濟合作組織會籍就是實例。不過，俄羅斯於2005年申請加入東亞峰會，但東盟成員國之間一度未能達成共識，其中新加坡和印尼認為雙方仍缺乏實質關係，故此俄國曾經只能暫時以觀察員身份參與。

區域安全：俄國保持中立還是卸責？

　　更值關注的是，當俄羅斯素願得償成為東亞峰會正式成員之後，多年來都只是由總理梅德韋傑夫或外長拉夫羅夫出席會議，總統普京極少亮相。相比之下，美國前總統奧巴馬鮮有缺席，任內曾五度參與峰會。東亞峰會聚焦於戰略和區域安全議題，被視為構建未來東亞秩序的重要平台，東盟諸國對此極度重視，也藉以評估大國對東南亞的承諾。普京冷待東亞峰會，東盟自然對「向東轉」心存疑慮。歸根究底，莫斯科其實信奉「大國說了算」外交，不太熱衷參與多邊會議，認為不宜高估這些活動的影響力（Storey, 2015）。

　　俄羅斯自詡為東亞爭端的誠實仲裁者，但由於在東南亞欠缺實際的軍事存在，地區影響力大打折扣。自2002年撤出越南金蘭灣軍事基地之後，它在南海的軍事部署已經乏善足陳，而其重啟基地的計劃亦遭到越方拒絕。雖然俄羅斯與越南舉行聯合軍演，與老撾有不少軍事技術合作，又慷慨資助緬甸購買俄製武器，但這些軍事聯繫比較暫時性和薄弱，不足以左右南海

勢力分佈的現狀（Gorenburg & Schwartz, 2019）。當俄國太平洋艦隊未能部署於南海，莫斯科近乎隔岸觀火，欠缺可觀的談判籌碼，在南海爭議中顯得被動，只能依靠外交手段來勸阻中國的南海行為。儘管莫斯科傾向減少東南亞的地緣政治張力和維持地區穩定，以便跟中國和東盟同時發展良好關係，但就缺乏足夠的銳實力來實踐目標。

換另一個角度看，俄羅斯的軍事存在薄弱，對東盟構成的威脅不大，在區域內牽涉較少利益衝突，與東南亞國家不涉及主權爭議，也不是南海爭議的聲索國，反而適合擔當爭議的調停者。然而，莫斯科對南海爭議採取「戰略性中立」，難免被一些東盟國家視為存心卸責，意在避免得失任何一方。與此同時，俄羅斯亦不太樂意介入調停南海爭議，重申自己無權干預相關主權糾紛，應該由各個聲索國通過對話解決爭端。隨着俄羅斯跟中國提升關係，所謂「向東轉」和「中立性」在東南亞惹人疑竇；例如 2016 年 9 月俄軍與中國海軍在南海進行聯合軍事演習，不可能不挑動諸國神經。當莫斯科不願就中國的南海擴張行為為東盟仗義執言，它們唯有依靠美國的軍事保障（Murray, 2020）。

就此，俄方或許有不一樣的辯解：2019 年 11 月總理梅德韋傑夫清晰表達了俄國－東盟海上軍事演習的主張，反正多年來俄國軍艦每年都訪問越南、泰國、印尼和馬來西亞，幾成傳統，近年也訪問了柬埔寨、緬甸、汶萊和菲律賓（俄羅斯衛星通訊社，2019b）。然而此議迄今只聞樓梯響，卻未見東盟的積極回應。那麼大家似乎也得反思，東盟到底期待俄國銳實力在東南亞的存在去到甚麼程度？東盟－俄國加強軍事合作，前者真的不用顧慮華盛頓和北京的反應？

圖5.1 東南亞國家的主要軍火供應國

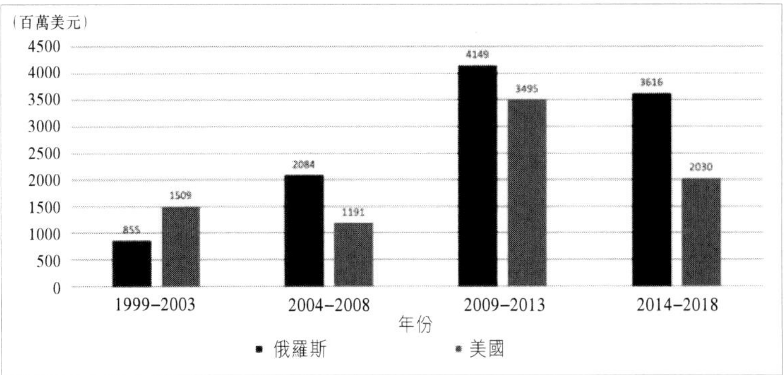

資料來源：SIPRI，2020

經貿潛力差強人意

參看斯德哥爾摩國際和平研究所（SIPRI）的報告，過去20年間俄羅斯是東南亞國家的最大軍火供應國，佔其武器進口總額的26%，而當中六成源自越南（Wezeman, 2019）。近年由於人權問題爭議令美國與東南亞國家的關係有所轉變，為主張不干涉他國內政的俄羅斯帶來合作契機。例如菲律賓總統杜特爾特的掃毒行動構成人權問題，觸發美國拒絕向菲出售2.6萬支M4步槍，導致馬尼拉轉向俄國購買卡拉什尼科夫步槍。

雖然東南亞是俄羅斯軍火和能源的重要市場之一，但兩者的經貿關係難稱驕人。根據東盟秘書處2019年的數據顯示，俄羅斯只是東盟的第八大貿易夥伴，2018年雙邊貿易額為200億美元，僅佔東盟總貿易額的0.7%；東盟的主要貿易夥伴包括中國（4,838億美元）、歐盟（2,882億美元）、美國（2,630億美元）和日本（2,317億美元）等。俄羅斯與東盟的經貿合作潛力未能充分發揮，皆因雙方的連通性不足（Kanaev & Korolev, 2018）——兩地缺乏陸地邊界，加上俄遠東地區的基建落後，未能與亞太國家接軌，導致兩地貿易受到物流不便拖累。

此外，莫斯科憂慮俄製商品的競爭力不足，對於跟東盟締結自由貿易協議存有猶豫，畢竟其六成出口至東盟的貨品為化石燃料（ASEAN Secretariat, 2019）。俄羅斯主導的歐亞經濟聯盟目前已經跟越南和新加坡簽訂自貿協定，並正在跟印尼和柬埔寨進行相關談判，但與東盟的自貿區安排仍處於研究階段。東盟—歐亞盟自貿區的可行性研究始於2016年，時任俄羅斯經濟部長烏留卡耶夫（Alexei Ulyukayev）曾披露東盟國家對歐亞盟的運作欠缺充分了解。另一方面，由於俄羅斯沒有與東盟建立自貿關係，所以未能參與後者主導的《區域全面經濟夥伴關係協定》（RCEP）。

俄羅斯「重雙邊、輕多邊」合作

隨着美中「新冷戰」彷彿山雨欲來，如果東盟在重大國際議題上保持一致立場，尤為重要。然而，東南亞各國對美國和中國的取態存在意見不一，例如越南與菲律賓傾向投靠美國陣營，印尼和馬來西亞主張與中國維持競合關係，柬埔寨密切依賴中國，老撾大手吸納中資投入的同時卻也愈來愈歡迎俄國的軍事支持。俄羅斯素來從大國政治的角度看待區域組織，視之為大國展示實力的工具，也許早已預料東盟會陷入分歧；審時度勢之後，克宮將會寧願與東南亞各國發展雙邊關係，而不是與東盟之間的區域合作嗎？

近年俄羅斯跟東南亞一些非自由化國家在訊息空間方面的合作愈見緊密，例如菲律賓和馬來西亞就跟俄國政府的喉舌塔斯社和俄羅斯衛星通訊社簽定合約，為兩國的政府新聞專才提供訓練和資訊交換（Espena, 2020）。普京政府的虛假宣傳運動（disinformation campaign）「聞名」國際，克宮在區域內以雙邊交往之途推廣這種銳實力日漸深化，將會對東南亞的區域安全形勢造成甚麼影響？

越南：抗衡中國的依靠？

2020 年 6 月俄羅斯聯邦慶祝建國 30 周年，駐越南大使 Konstantin V. Vnukov 特別在越南的《人民軍隊報》發表文章，強調發展對越關係是俄羅斯對外關係的長期優先。普京治下的俄羅斯銳意向東方發展，自然希望與冷戰盟友越南重建緊密關係。

當代越南建國之父胡志明的革命思想和方略深受列寧的理論啟蒙。從創黨（最初是印度支那共產黨）、建國（北越）到統一越南，越共都得助於蘇共極多；自 1960 年代中期起後者成為對前者提供援助的最大供應者。基於中蘇交惡以及中越矛盾日深，1978 年蘇聯與越南簽署《蘇越友好合作條約》，正式締結軍事同盟；翌年蘇聯向越南租用金蘭灣海軍基地。在蘇聯末期，戈爾巴喬夫政府主張與中國關係正常化，削減對越南的經濟援助，導致蘇越同盟衰落；蘇聯解體之後，莫斯科與河內的「獨特關係」彷彿明日黃花。

今天的越南是俄羅斯重返中南半島以至東南亞的關鍵之一，經貿合作是重要領域，2019 年越南是俄國對東盟貿易金額高踞首位的國家。不過，近年俄羅斯與中國提升關係，而越南忌憚中方的南海擴張，究竟中國因素將會如何影響俄越關係？俄羅斯與越南長年維持能源和軍事合作關係，但在南海局勢升溫之際，俄越合作又能否抵禦得住中方壓力？所謂壓力其實也包括經濟誘因——當越俄貿易額年達 50 億美元，越中貿易額每年已經超過 1 千億。

南海之爭：越南還可信賴俄國嗎？

「後克里米亞時代」俄羅斯「向東轉」政策向中國傾斜，令越南重新評估其戰略信任度。正當烏克蘭爆發「廣場革命」之際，南海局勢也持續升溫。2014 年中國在存在主權爭議的西沙

群島海域設置鑽油台，導致越南與中國船艇爆發碰撞衝突，並且觸發越南民間「反華」騷亂。越南尋求夥伴抗衡中國，但俄羅斯與中方卻愈走愈近，似乎難以全心信賴，所以河內選擇向美國及其盟友靠攏（Baev & Tønnesson, 2015）。莫斯科與河內不一樣的對華態度，會否侷限了兩國關係的未來發展？

儘管俄羅斯官方對南海爭議恪守中立立場，但其實際取態相當弔詭。早於 1951 年舊金山和平會議上，蘇聯曾動議中國擁有西沙和南沙群島主權，但議案不獲通過，蘇聯最終拒絕簽署《三藩市和約》。不過，俄羅斯沒有繼承蘇聯的立場，反而強調自己不是聲索國，無權干預南海爭議，主張依據《聯合國海洋法公約》（UNCLOS）處理相關主權糾紛。根據這個法理基礎，大部分俄羅斯專家認為中國的南海主張不合法，與 2016 年海牙常設仲裁法院的裁決一致（Storey, 2017）。

令人意外的是，普京隨後表態支持中國不承認海牙仲裁法院的裁決，這是否意味俄羅斯將在南海爭議上偏向中方？然而，俄羅斯的取態或許只是顧及自身利益，皆因烏克蘭同年向海牙仲裁法院提出訴訟審理克里米亞主權問題，普京對南海仲裁案的說法是要貶低海牙仲裁法院的正當性，也期望北京日後會「禮尚往來」支持俄羅斯。俄方對此的態度將來會否又再有改變，其實尚未蓋棺定論？

能源大國在越碰壁

南海蘊藏豐富石油和天然氣，但主權爭議導致海域的能源開發變得複雜。2018 年西班牙能源企業雷普索爾（Repsol）被指受到北京壓力而停止在南海、中國的「九段線」內進行天然氣鑽探，此後只有三間俄羅斯企業願意繼續在南海爭議區域內鑽井開採天然氣，包括合資企業越蘇石油公司（Vietsovpetro），以

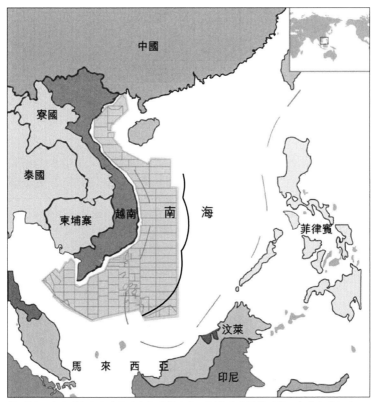

俄羅斯石油公司在南海參與油氣開發的地方，既是越南特許油塊（打格部分）和200海里專屬經濟區（黑色實線），又在中國聲稱的九段線之內。

及俄羅斯天然氣公司和俄羅斯石油公司。有別於西班牙油企，俄羅斯能源企業被視為克里姆林宮的代理人，為國家完成地緣政治任務，理應較更有能力抗衡中國壓力（Murray, 2019）。

俄羅斯石油公司於2013年完成收購秋明—英國石油公司（TNK-BP），並且獲得越南在南海06-01區塊的開發權，包括「蘭西」（Lan Tay）和紅蘭花（Lan Do）天然氣田。由於上述鑽井平台位於南海爭議區域內，中國外交部（2018）曾對俄羅斯石油

公司發出警告:「任何國家、機構、企業或個人未經中國政府允許,不得在中國管轄海域內開展油氣勘探和開發活動。」翌年俄羅斯外長拉夫羅夫於胡志明市出席瓦爾代國際俱樂部首屆俄越會議,反駁指相關項目位於越南大陸架和專屬經濟區內,符合《聯合國海洋法公約》的規定(2019)。同年底在東盟外長會議,中國外長王毅要求拉夫羅夫勸告俄羅斯石油公司退出南海開發項目,但遭到俄方婉拒(Clark, 2020)。到了2020年7月中,俄油始終抵擋不住中方施壓,暫停南海鑽探計劃。那麼是俄羅斯對中國的抗壓能力漸見疲乏,而北京對俄國這個親密夥伴的態度跟對待西方能源企業愈來愈「一視同仁」?

除了具爭議性的南海鑽探,俄羅斯也曾經協助越南興建首座核電廠,但項目最終被取消。2010年俄羅斯原子能公司(Rosatom)與越南政府簽署協議,俄方將提供貸款80億美元以興建寧順1號核電廠(Ninh Thuan 1)。俄羅斯原子能公司視之為形象工程,向東南亞國家展示俄國核電站的安全性,希望核電合作可以擴展至整個地區。不幸翌年發生日本福島核電站事故,嚴重損害越南國民對核電的信心。禍不單行,2016年台塑河靜鋼鐵廠泄漏化學品,污染越南海洋生態,再次喚起群眾對環境議題的關注。再者,經過多番延誤之後,核電廠項目也逐漸失去經濟效益——越南的電力需求增長較預期低了接近一半,但建造成本卻上漲逾一倍至180億美元(Tsvetov, 2017b)。基於上述事態發展,越南於2016年底宣佈終止興建核電廠計劃。作為雙邊合作的旗艦項目,這項目告終實在不利於俄越關係發展,尤其是兩國的經貿往來遠不及政治熾熱。

競逐越南軍火市場

多年來俄羅斯一直是越南的最大軍火供應國,出售先進武器間接協助越南制衡中國。對越南而言,俄羅斯武器相對地便

宜和耐用，所以雙方多年來保持良好軍事合作關係。根據斯德哥爾摩國際和平研究所（SIPRI）報告，在 2015 至 2019 年間，越南的 74% 進口武器購自俄羅斯，其次為以色列（12%）和白羅斯（5%）武器（Wezeman et al., 2020）。越南從俄羅斯採購了六艘基洛級潛艇，亦在俄國的技術轉移下生產 VCM-01 反艦導彈，大幅提升其海軍抵禦中國威脅的能力。此外，俄羅斯還向越南提供蘇-30MK2 戰機、棱堡岸基反艦系統（K-300P）、T-90 主戰坦克等等。澳洲新南威爾士大學教授 Carl Thayer 相信，目前越南的軍事裝備當中，有 85% 來自俄羅斯（Jennings, 2020）。

不過，近年河內正尋求擴展其武器供應鏈，逐步減少對俄羅斯武器的依賴。隨着越南經濟保持穩定增長，其國防預算亦穩步上揚，河內有意從以色列和歐洲國家購入較先進的武器，進一步提升其軍事實力。另一方面，俄羅斯與中國不斷走近，讓越南憂慮武器供應隨時被中斷，於是加快了它推動武器供應多樣化的念頭。2015 年越南向以色列採購 SPYDER 防空系統，以彌補俄羅斯 S-300 防空導彈的不足；同時，河內曾考慮購買法國「陣風」（Rafale）及瑞典「鷹獅」（Gripen）戰機，以取締老化的俄羅斯米格-21 戰機；另外嘗試從印度購入布拉莫斯（BrahMos）超音速巡航導彈，力可摧毀中國在西沙和南沙群島的設施。

近年美越關係也見升溫，2016 年奧巴馬政府全面解除對越南的武器禁運，容許越方採購美國先進軍備。此舉除了制衡中國在南海擴張外，還試圖與俄羅斯競逐東南亞軍火市場。不過四年過去，上述美國的政策似乎姿態多於實際成效：越南曾考慮從美國購入 F-16 戰機和 P-3C 偵察機，但至今仍然未成事，其中原因包括美軍武器定價過高，操作也過於複雜。2018 年美國通過《美國敵對國家制裁法案》制裁向俄羅斯購買軍備的國家，但越南卻獲得豁免；美國前國防部長馬蒂斯（James Mattis）當時解釋，傳統上越南從俄羅斯購入大量武器，但河內正準備

與華府建立軍事合作關係（Browne, 2018）。美方的回應，是不是正在暗示中國的威脅較俄羅斯更為深遠？

越南「多向量外交」戰略

據東京的國際基督教大學學者 Stephen Nagy 觀察，河內甚是積極去確保資源來自多個國家，包括俄羅斯、美國甚至日本，展示它不會進行單一結盟，而是要建立多元化的關係（Jennings, 2020）。越南當然樂見美國與俄羅斯雙雙協助抵抗中國，現實上克里姆林宮的戰略意圖卻是要求河內與北京合作，以打破美國的亞太霸主地位（Murray, 2019）。越南與俄羅斯的利益是否難以調和，有待驗證，但河內的戰略優先考量恐怕不會再放在莫斯科身上，而是深化跟美國及其亞太盟友的安全合作，因為只有美方願意及有能力遏制中國的南海行為。另一方面，自從美國總統特朗普和菲律賓總統杜特爾特當選後，河內逐漸對美方與菲方抵禦中國擴張的承諾抱持疑問。因此，越南同時尋求與中國緩和關係，以避免雙方爆發戰爭衝突。

對河內而言，俄羅斯的戰略重要性已經及不上美國和中國，但依然歡迎跟莫斯科交好。雙方高層互訪非常頻繁，2019年越南總理和國會主席訪問了俄國，俄國多位部長都出訪越南。2020 年夏天俄羅斯推出全球第一種新冠疫苗，雖然其安全性和成效被受西方質疑，但河內政府依然甘願「冒險」購買並接受捐贈；除了出於價格考慮外，或許也建基於兩國某程度上的信任。誠如俄國學者所言（Tsvetov et al., 2019），越南與俄羅斯的關係目前處於過渡階段，兩國依賴冷戰時期的友誼予以維繫，但這段歷史的作用是否正逐漸消失呢？

新加坡：制裁困境與中美矛盾令關係躍進？

2020年年初普京提出修憲，被問及會否仿傚新加坡「國父」李光耀，在長期執政之後退居二綫擔任內閣資政，藉以維持國家穩定發展？普京斷然否定，明言「新加坡模式」不適合俄羅斯。前蘇聯國家菁英不時曲解「新加坡模式」，將之簡化為以鐵碗管治換取經濟增長，從而合理化獨裁政權（Gabuev, 2015c）。2015年李光耀逝世時，克里姆林宮發言人佩斯科夫披露李氏曾經批評普京的經濟政策過於自由化（TASS, 2015）。

新加坡政壇李氏父子與普京的治國理念和世界觀不盡相同，但兩者的務實作風會否創造雙方合作空間？儘管李光耀早年鐵腕反共，但他卻以「務實」態度對待蘇聯。1962年李光耀訪問莫斯科，爭取蘇聯支持建立馬來西亞。新加坡原則上支持不結盟外交，卻藉着與蘇聯建交（1968年）、促進經貿合作，誘使美國增強在東南亞的存在。近年俄羅斯遭受西方孤立，「大歐亞」戰略正是構想將外交願景向新加坡延伸；另一方面，中美磨擦升溫波及東南亞，新加坡也總不能呆作遭殃池魚。2016年新加坡總理李顯龍訪問莫斯科，兩年後普京歷史性首訪新加坡，2019年李顯龍往訪亞美尼亞，跟俄羅斯為首的歐亞經濟聯盟簽訂重要協議；那麼，目前是否俄坡尋求外交突破的新契機？

大歐亞戰略：從里斯本到新加坡

俄羅斯外交與國防政策委員會提倡「大歐亞戰略」外交理念，勾勒出從葡萄牙里斯本到新加坡的「大歐亞」空間，以推動俄國與歐洲和亞洲的融合（Karaganov, 2016）；在這套概念中，新加坡成為俄羅斯與東盟合作的橋頭堡。

表 5.1　烏克蘭危機後，新加坡的外國直接投資

國家	2013	2014	2015	2016	2017	2018	2019
俄羅斯	-5.0	1.6	1.9	162.7	27.0	15.8	5.3

單位：億美元
資料來源：Central Bank of Russia，2020

2019 年年底，新加坡成為繼越南之後第二個與歐亞盟簽訂自由貿易協議的東盟國家。根據「歐亞盟—新加坡自貿協議」（EAEUSFTA，下稱「協議」），歐亞盟國家對九成新加坡進口產品提供關稅減免，包括礦物燃料、機械設備、化工產品等（Ministry of Trade and Industry Singapore, 2019）。新加坡是自由港，早已對歐亞盟成員國徵收低進口稅，所以初步而言「協議」對坡方較為有利，有望改善它對俄羅斯的貿易出口。參考俄羅斯海關的統計數字，2019 年俄國與新加坡的雙邊貿易額為29億美元，而俄方擁有 17 億美元的貿易順差（Federal Customs Service, 2020）。從經濟利益而言，與新加坡簽署自貿協議對歐亞盟成員國的效益似乎有待商確，但誠如李顯龍所言，「協議」具有跳板作用，將有助促成歐亞盟與東盟建立自貿區。

2018 年新加坡高調接待普京來訪，哈莉瑪總統（Halimah Yacob）的歡迎演說透露，當前俄坡雙邊貿易額是 10 年前的 3.9 倍（Chia, 2018）。除了貿易往來，俄羅斯與新加坡的投資合作正在蓬勃發展。新加坡未有跟隨西方制裁俄羅斯，但跟香港的情況相似，金融機構對俄國資金作出嚴格審查及監管。不過，在俄羅斯面臨經濟制裁和盧布危機之下，新加坡對俄國的直接投資卻不跌反升。根據俄羅斯中央銀行的資料，2018 年新加坡成為俄羅斯的第四大外國直接投資者，總額達16億美元（Central Bank of Russia, 2020）。新加坡很可能成為返程投資的渠道，讓俄羅斯投資者將資產轉移到新加坡，再以外國直接投

俄羅斯與新加坡是經歷50年外交關係「長久友誼」的邦交國,在美國制裁下,俄羅斯與新加坡仍能緊密合作。圖為2018年,普京歷史性首次訪問新加坡,參與第三屆東盟—俄羅斯峰會和第13屆東亞峰會時攝。

資的名義轉返境內投資(Trickett, 2017)。這種安排建基於稅務理由、逃避制裁,或其他財政考慮。

　　另外,俄羅斯企業對新加坡市場甚為熱衷,吸引力遠超香港。新加坡國際企業發展局前行政總裁李沃文(Lee Ark Boon)表示,超過650家俄羅斯企業在新加坡營運(上述哈莉瑪總統的演說透露,這數字已經增加到接近700家),包括卡巴斯基實驗室、俄羅斯天然氣公司、盧克石油等(National Archives of Singapore, 2016)。對於俄羅斯投資者而言,新加坡政府或許表現得比港府積極得多。早於2002年新加坡與俄羅斯已經簽署《全面性避免雙重課稅協定》,提升俄羅斯企業在新加坡投資的誘因;相比之下,香港政府到2016年才跟俄羅斯達成相同協議,遠遠落後於形勢。俄羅斯駐新加坡大使Andrey Tatarinov說,在新加坡的俄企在2004年只有14家,到7年之後

的 2011 年已達 290 家。當然，這段關係躍進之前也經歷過艱難時刻，前新加坡駐俄羅斯大使 Michael Tay 透露了説服俄企來新加坡的秘訣：過去提起俄羅斯，只會想到特務、貪腐、政棍，跟新加坡合作是一個機會，讓世人看到更好、不一樣的俄企——這引來很多俄羅斯年輕企業家的認同：新加坡溫和中立，政治上沒有野心，專注於知識創造。其實，這何嘗不也曾經是香港的優勢？

赤道新加坡開發北極

靠近赤道的新加坡與苦寒極地看似風馬牛不相及，但俄羅斯與新加坡近年的合作亮點之一正是北極開發。新加坡在北極沒有領土、沒有進行極地考察，但 2013 年與中國、日本、韓國等成為北極理事會的觀察員，獲准參與北極治理。新加坡代表陳振泉（Sam Tan）同年出席北極圈論壇時表示，新加坡對開採北極資源的興趣不大，但具備科研知識協助北極建設（MFA Singapore, 2013）；例如吉寶企業（Keppel Corp）擅長建造離岸鑽油平台和破冰船，期望能參與北極的基建領域合作。在西方制裁之下，俄羅斯難以獲取西方先進技術開採北極資源，這反而為新加坡企業帶來契機。其實，吉寶企業就曾經向盧克石油提供兩艘破冰船。與此同時，新加坡政府向俄羅斯推銷其港口建設經驗，嘗試爭取在北極港口提供技術支援服務。

再者，全球氣候變化對北極造成影響，也可能威脅新加坡的戰略利益。全球暖化加快北海航道的發展，它是俄羅斯的戰略項目，航程（7,350 海里）較蘇彝士運河（11,250 海里）短，有望降低航運成本。由於受到極地氣候及其他因素掣肘，目前北海航道每年航期只有 3 至 4 個月，但長遠而言，它擁有取代蘇彝士運河的潛力。若然蘇彝士運河被取代，新加坡的港口地位和

馬六甲海峽的戰略重要性恐怕會大幅削弱（Tan, 2017）。作為回應，新加坡政府也開始更加積極考慮投資俄羅斯的北極開發，爭取成為亞洲天然氣樞紐。2018 年新加坡淡馬錫控股旗下蘭亭能源（Pavilion Energy）與俄國諾瓦泰克公司（Novatek）就簽署了備忘錄，積極評估參與北極液化天然氣 2 號項目（Arctic LNG 2）的可能性。

未雨綢繆的考慮，還有北極冰川融化導致全球海平面上升，作為島國的新加坡早晚有可能面臨洪水威脅，乃國家存亡之大事。為了應對全球氣候變化，新加坡政府將投放 1,000 億新加坡元（720 億美元）以建造海岸線防禦措施。由於過去鮮有開展北極考察，故此需要透過北極理事會獲取資訊，也寄望跟俄羅斯加強相關的科研合作。

聯手推動「新不結盟運動」？

2020 年夏天李顯龍總理在美國《外交事務》雜誌發表長文，語調沉重地慨嘆當前的中美對抗令「亞洲世紀」瀕臨滅絕（Endangered Asian Century），向這個美國最重要的外交智庫大聲疾呼，東南亞國家實在「必須避免夾在中間，或被迫做出令人不快的選擇」（Lee, 2020）。

外交上，俄羅斯與新加坡的國際地位截然不同——美國視前者為主要戰略對手，看待後者為東南亞重要盟友。2014 年美國為首的西方列強制裁俄羅斯，但新加坡卻彷彿「免疫」一般繼續膽敢跟俄羅斯發展經濟關係，一位新加坡的外國投資顧問公司老闆的洞察是：新加坡是半民主國家、相對透明，是 7,000 間美國公司的亞洲總部所在，給新加坡找麻煩不也就是給自己的生意找麻煩（Simes, 2020）？美國人毋寧睜一隻眼閉一隻眼。

新加坡的小國「平衡外交」藝術，是否值得俄羅斯借鑒？在美俄中三角博弈之下，俄羅斯不應成為中國的小夥伴，反而應該發揮平衡和獨立的作用，為自身爭取最大利益。當俄羅斯官方刻意避免介入中美博弈之際，克里姆林宮前外交顧問卡拉加諾夫倡議莫斯科應該帶引「新不結盟運動」，領導不願在中美之間選邊站隊的國家（Karaganov et al., 2020）。俄羅斯與新加坡是經歷50年外交關係「長久友誼」的邦交國，中美「新冷戰」彷彿如箭在弦，「新不結盟運動」如何使俄羅斯與新加坡愈走愈近，會是前者「向東轉」的重要一步嗎？

6

印度－太平洋

　　一直以來中國都認為，如果澳洲能夠明確自己的特性，擺脫一味追隨美國的形象，把自己作為亞太地區多樣性中的一種而不是西方陣營的一員，積極參與東亞合作進程，那麼不僅澳洲－東亞關係可以更好發展，澳洲也能夠在亞太地區發揮更多的積極作用（王傳劍，2007）。另一方面，印度的「東進」戰略以東南亞為中心區域，希望影響力進入太平洋，維護航道安全，加強經濟一體化，以抗衡中國不斷茁壯的勢頭（謝靜，2018）。觀乎上述，「印度－太平洋」與東亞密切的地緣戰略關係，可想而知。那麼，面對美國從「重返亞太」到推出「印太戰略」，莫斯科除了抨擊白宮舊調重彈圍堵中國之外，又有沒有自身的一套「印太戰略」去配合「向東轉」大計呢？

印度：莫迪的強國夢需要俄羅斯嗎？

2020年10月下旬，印度與美國簽署《地理空間合作基本交流與合作協定》（BECA），容許兩國互相分享敏感衛星數據，意味美印逐漸形成「準盟友」關係；此前美國、澳洲、日本和印度（「四方安全對話」）海軍宣佈於2020年底舉行「馬拉巴」（Malabar）聯合軍演，被國際傳媒形容是「亞洲版北約」雛型。這些舉措發生在加勒萬河谷（Galwan River Valley）衝突之後不久（2020年6月中中國和印度的士兵在那裏大動干戈，是近半個世紀以來最為血腥的一次），關心印太政治者自是異常關注新德里是否已經向西方歸邊。不過，大家也不應遺忘俄羅斯的反應——衝突後不到十天，莫斯科就在「俄印中戰略三角」（RIC）平台上召開視像會議，製造中印兩國外長首次商談機會；有報道透露會議並沒有將衝突列入議程（Laskar, 2020），但到底俄方有沒有介入斡旋調停，未可逆料。另一方面，俄方向印度積極銷售米格-29戰機和T-90主戰坦克等武器，印方也熱切期待俄方交付S-400防空導彈系統以部署在印中邊界。有台灣傳媒嘲諷是普京在中國背後捅刀（盧伯華，2020），這說法容或誇張，但俄方的態度撲朔迷離，着實也提醒大家印太地緣戰略形勢近年多變，分析工作肯定不應漏看俄羅斯。

傳統上印度與俄羅斯關係親近，長年維持戰略和軍事合作。冷戰時期儘管印度奉行「不結盟」外交，但實際上立場傾向蘇聯；隨着巴基斯坦與美國結盟、中國與印度爆發邊境戰爭、中蘇共關係破裂，新德里與莫斯科在1971年簽署《和平友好合作條約》，為兩國關係向軍事同盟轉化。蘇聯解體之後，印俄的盟友關係波折重重。即使兩國於1993年簽訂《印俄友好合作條約》，但有關安全保障的條文不復存在。五年後俄羅斯前總理普里馬科夫提出「俄印中戰略三角」構想，唯它欠缺制度化規範，皆因印中都質疑俄方的地緣政治動機。此後印度與俄羅斯在千禧年簽署《戰略夥伴關係宣言》，並且在十年後建

立「特殊和特權戰略夥伴關係」。然而，鑑於特朗普政府的「印太」戰略概念包含印度，而俄羅斯「向東轉」引伸為跟中國和巴基斯坦關係升溫，印俄關係愈見難復當年？

印度「東進」與美國「印太」戰略契合

印度總理莫迪2014年掌權後提倡外交從「東望」（Look East）轉向「東進」（Act East），採取更積極主動的態度參與地區事務。在白宮推出「亞太再平衡」和「印太」戰略之下，印度的地緣政治價值更形吃重，同時讓印度的影響力延伸至東亞和太平洋，而不再局限於南亞和印度洋。以南海為例，雖然地理上印度遠離相關區域，但莫迪政府視之為印度洋和西太平洋之間的通道，藉以合理化新德里對南海爭議的發言權，並且與美國共同倡議航行自由原則。

近年來印度與美國持續加強戰略合作，準軍事同盟的色彩濃厚。2016年兩國簽署《後勤交流備忘錄》（LEMOA），容許雙方利用對方的軍事基地進行後勤補給。翌年在東盟峰會期間，美澳日印領袖重啟「四方安全對話」，用以協調軍事活動及促進情報交流。2018年兩國舉行首次「2+2」外交和國防對話，並且授予印度戰略貿易許可地位（STA-1），允許印度如日本、韓國般向美國採購高階軍備，以及簽訂《通訊相容與安全協定》（COMCASA），共享軍事資訊。

印美關係不斷提升，源於新德里難以完全信賴俄羅斯去抗衡中國崛起。儘管印度與中國經濟連繫緊密，後者甚至是它的第二大貿易夥伴，但雙方素來互不信任、屢見衝突。新德里忌憚中國崛起，表明反對「一帶一路」倡議，十分警惕中方「珍珠鏈」戰略——透過在巴基斯坦、斯里蘭卡、孟加拉和緬甸等國建設港口，儼然是在圍堵印度；尤有甚者，中方的旗艦項目「中

巴經濟走廊」途經爭議領土克什米爾，印方視之侵犯其主權和領土完整。然而，莫斯科（至少在官方言論上）卻表示支持「絲綢之路經濟帶」，自然令新德里失望。自烏克蘭危機後，俄中關係迅速提升，令印度質疑莫斯科的外交獨立性，索性也加快跟美國改善關係。新德里強調對美和對俄的友好、戰略關係並行不悖，嘗試在美俄關係破裂之下維持戰略自主性，按莫迪提倡的「多重結盟」外交方針，務求達致更有效地抗衡中國。

「向東轉」與莫迪強國夢的磨合

普京的亞洲政策對印度的重視其實不比中國遜色。在區域層面上，俄印合作有助減輕前者對中國的依賴，避免「向東轉」變成「向中國轉」。舉例說，俄羅斯大力支持印度加入上海合作組織，正有「軟制衡」中國在中亞擴張之意。另外，克里姆林宮相信俄印中三國作為「非西方」重要力量，應該攜手推動「後西方」國際秩序，故此嘗試維持中印合作，而且對「金磚五國」等組織寄予厚望。

雖然俄羅斯和印度同樣憧憬世界多極化，但兩國對「多極世界」有不同願景——前者重視地緣政治，後者則強調經濟發展（Kuhrt & Kiseleva, 2017）。俄羅斯「向東轉」的長遠政治目標，旨在重拾大國地位，改變美國霸權主導的單極世界；印度則希望躋身強國之列，透過推動全球性組織的改革，爭取更多國際話語權。因此，在國際事務上印度傾向保持中立，不願牽涉在俄羅斯與西方的地緣政治糾紛之中。

俄羅斯的外交政策體現傳統主義，堅持不干預內政原則，反對西方提倡的「國家保護責任」（Responsibility to Protect, R2P），這為印度提供重要的外交支持；在喀什米爾爭議上，莫斯科就強調那是印度內政，成為印度在國際社會的堅實後盾。

冷戰時期，蘇聯曾經在聯合國安理會上多次行使否決權，拒絕聯合國介入克什米爾問題，避免將議題國際化。2019年莫迪政府取消印控克什米爾的自治地位，美國嘗試介入斡旋，但俄羅斯則表態支持由印巴雙方談判解決。此外，莫斯科也支持印度成為聯合國安理會常任理事國，以提高機構的代表性，同時讓新德里得嘗強國滋味。有論者謂莫斯科視安理會為處理國際事務的唯一合法機構，大手改革或會削弱自身的影響力，但它明知北京會對此堅決反對，所以俄方的提案動作可能只是口惠而實不至的姿態？

強國夢與俄國的軍事支持

除了在國際政治舞台上的合作，俄羅斯與印度的軍事關係緊密，包括武器採購和軍事技術轉移等。根據瑞典斯德哥爾摩國際和平研究所（SIPRI）報告，在2015至19年期間，印度是俄羅斯武器的最大買家，佔其總出口四分一（Wezeman et al., 2020）。同一時期，印度從俄羅斯進口56%軍火，其餘主要武器供應國分別為以色列（14%）和法國（12%）。然而也不能否認，相對於2010至14年的數字，過去五年俄羅斯對印度武器的出口額大幅下跌了47%。近年印度希望減輕依賴俄國軍火，也提升了對先進武器的需求，所以積極擴大武器來源。例如為了取締俄製米格-21和米格-27戰機，印度採購美國的F-21戰機和法國的「陣風」（Rafale）戰機，以及考慮購入瑞典「鷹獅」（Gripen）戰機。

即或如此，在軍事上俄國在印度強國夢中的角色依然極之吃重。年前美國通過《美國敵對國家制裁法案》，對採購俄國軍備的國家實施制裁，有國際輿論一度擔心這或會進一步削弱俄印武器交易。美方又向印方表明，採購俄製S-400防空導彈系統意味要放棄美國的F-35戰機，因為兩者並不兼容。不過，印度堅持購買S-400系統，辯稱它性能超卓，市場上欠缺替代品，尋

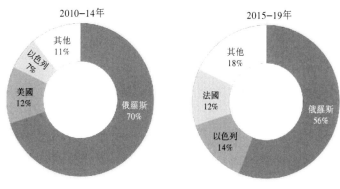

圖 6.1　印度的主要軍火供應國

2010–14年

其他
11%

以色列
7%

美國
12%

俄羅斯
70%

2015–19年

其他
18%

法國
12%

以色列
14%

俄羅斯
56%

資料來源：SIPRI，2020

求獲得豁免制裁待遇。有華文輿論認為值得注意的是，能夠同時獲得俄美武器銷售的國家並不多見，兩大強國都積極爭取印度在區域安全戰略上的合作，可見一斑（騰訊網，2020）。

　　俄羅斯還向印度提供敏感軍事技術，相信都是美國難以媲美的。在這些技術支援下，印度建造了第一艘國產核動力潛艇「殲敵者號」（INS Arihant），設計建基於俄羅斯阿古拉級（Akula class）核動力攻擊潛艦，由俄國專家擔任技術顧問，包括解決反應堆小型化的難題。在「殲敵者號」服役前，新德里於2012年向俄羅斯租用「獵豹號」核潛艇，讓印度海軍得以熟悉潛艇操作。近年莫迪政府積極推動海軍現代化計劃，以抗衡中國海軍實力迅速增長；不過在官僚主義和貪污導致生產延誤，2019年印度再向俄國租借核潛艦，從而填補其自製潛艦的空窗期。

　　此外，印度獲得俄羅斯授權生產先進武器，以支持莫迪推動國防自主化和「印度製造」計劃，包括俄方設計的米格–35戰鬥機、Ka–226T直升機和T–90S坦克等。兩國亦共同研製布拉莫斯（BrahMos）超音速巡航導彈，而且有意將它出口至越南、菲律賓、印尼等東南亞國家。

發展雙邊經貿的局限與可能

冷戰時期，蘇聯曾經是印度最大的貿易夥伴，今天卻已是明日黃花。根據印度工商部（2020）的數據，2019年印俄貿易額只錄得101億美元，俄方只是印方第25大貿易夥伴，遠遜於美國（889億美元）和中國（819億美元）。普京與莫迪曾共同制定雙邊貿易目標，期望在2025年前提升至300億美元，但恐怕難以實現。

俄印經貿關係倒退，源於1990年代印度展開經濟改革，導致距離遙遠、依賴國企的俄羅斯市場逐漸失去競爭力（Zakharov, 2017）。由於印度與巴基斯坦存在敵對關係，對於欠缺陸路運輸網絡的印俄兩國構成重大的物流障礙，兩地之間運輸需時40至55天，運輸成本也甚高昂。此外，印度中小企業在經濟中扮演重要角色，但却不容易與俄羅斯國企接洽。近年俄羅斯與伊朗和印度推動「國際南北運輸走廊」，新德里也跟歐亞經濟聯盟協商簽訂自由貿易協議，有望為俄印貿易增添新動力，但實際效果仍有待觀望。新德里尼赫魯大學有學者更主張莫斯科應該容讓印度加入歐亞盟（Mohapatra, 2020），從而平衡中國對前蘇聯勢力範圍的經濟滲透。

作為快速增長的新興經濟體，印度擁有龐大的能源需求潛力，為俄印能源合作創造空間。俄羅斯原子能公司（Rosatom）擊敗來自美國和法國的競爭對手，將為印度的庫丹庫拉姆（Kudankulam）核電廠興建六座核反應堆，至今有兩座已經峻工。此外，俄羅斯讓印度參與西伯利亞的開發項目，例如印度財團購入「萬科爾」（Vankor）油田的49%股份，印度石油公司也收購了「塔斯—尤里亞赫」（Taas-Yuryakh）油田的三成股份。另一方面，以俄羅斯石油公司為首的財團斥資129億美元併購印度埃薩石油公司（Essar Oil），成為印度史上規模最大的

外資收購案。由此觀之，能源合作將會是俄印經貿連繫的主軸之一。

長年盟友的往蹟與考驗

俄印關係面臨的挑戰，除了印美、俄中走近之外，還包括克里姆林宮與巴基斯坦的關係升溫，近年嘗試與印巴兩國發展平衡外交。2015年俄方破例向巴國出售四架米-35M攻擊直升機，並且參與興建「卡拉奇─拉合爾天然氣管道」；在2016至19年間，俄軍與巴基斯坦軍方更四度舉行聯合軍演。年前美軍撤出阿富汗，俄方需要依賴巴基斯坦軍方和塔利班穩定阿富汗局勢，以遏制恐怖主義溢出至中亞國家和俄羅斯，遂讓雙方愈走愈近（Joshi & Sharma, 2017）。儘管俄巴合作的規模遠不及俄印協作，但新德里必然會對莫斯科與伊斯蘭堡（Islamabad）的互動保持警惕。

後冷戰國際秩序為全球各國提高了外交空間和彈性，印度不一定要再擔當俄羅斯的獨家夥伴。然而，在不會左右到自身外交自主性的前提下，兩國的政治、軍事和經濟合作仍然可以孕育不少國家利益。隨着地緣政局愈見熱熾，美國號召全球圍堵中國，俄印關係將會再次遭受考驗。不過撫今追昔，從第三次印巴戰爭，後來爭取成為核武強國的發展過程，到近年在人權和領土爭議上備受國際輿論壓力，數十年的經歷或會令新德里發現，作為盟友莫斯科比華盛頓可信；國家安全作為印度的首要關注，印度駐俄羅斯前任大使P.S. Raghavan也提醒大家注意政治地圖，「四方安全對話」的陣容容或華麗，但美國遠在天涯，他撐起的安全傘真的沒有左支右絀顧此失彼的風險嗎？（Tamkin, 2020）印俄兩國既然都銳意復興，不願充當美國或中國的「小伙伴」，相信是長期良好關係延續的基石。

澳洲：印太陣營內對俄戰略有迴旋空間嗎？

2020年12月初，中國外交部發言人在社交媒體對澳洲軍人在阿富汗戰爭期間所犯下的戰爭罪行冷嘲熱諷，跟澳洲總理莫里遜展開舌戰。俄羅斯外交部也主動參與其中，積極跟中國同行唱和。

克里姆林宮既然聲稱外交方略要「向東轉」，對於澳洲這個「四方安全對話」的成員國卻不予拉攏，怎麼反而對澳中爭拗火上澆油？雙方的冷淡關係其實有逆轉空間嗎？

俄式修正主義不容於坎培拉

長年以來俄羅斯與澳洲關係冷淡，主要受制於前者與西方交往的變動。19世紀中葉俄羅斯與英國捲入克里米亞戰爭，英屬澳洲警惕沙俄入侵的威脅。後來隨着英俄和解，俄羅斯與澳洲的關係有所緩和，並且在兩次世界大戰中成為盟友。冷戰時期蘇聯與澳洲處於敵對陣營，意識形態分歧促使兩國關係急速惡化。冷戰結束後俄羅斯外交一度向西方親近，對坎培拉帶來憧憬，但經貿往來始終處於有限度水平，多年來雙邊貿易佔比不足1%。2007年普京出席亞太經合峰會並首次訪問澳洲，為俄澳關係帶來重大進展，見證了雙方簽訂核能合作協議，容許澳洲向俄羅斯出售核原料（鈾）。

此後俄羅斯與前蘇聯國家衝突頻生，令到正在跟澳洲改善雙邊關係的路途上又再出現障礙。早於烏克蘭危機發生以前，其實坎培拉對俄羅斯的質疑和不信任已經有跡可尋（Krivushin, 2018）。2008年俄羅斯與格魯吉亞（Georgia）爆發「五日戰爭」，格魯吉亞在南奧塞梯的軍事行動遭到俄軍入侵還擊，俄國承認南奧塞梯（South Ossetia）和阿布哈茲（Abkhazia）獨立。莫斯科更

成功遊說瑙魯（Nauru）、瓦努阿圖（Vanuatu）、圖瓦盧（Tuvalu）等南太平洋島國承認這些分離地區獨立，以換取俄國的經濟援助；瑙魯就在第二年從俄羅斯獲得5,000萬美元的人道援助（Kukolevsky, 2010）。坎培拉對此大為不滿，忌憚俄羅斯將影響力拓展至其勢力範圍，強烈批評莫斯科進行「支票簿外交」。格魯吉亞戰爭令澳洲質疑俄羅斯為修正主義國家，意圖顛覆後冷戰國際秩序；坎培拉與其他西方國家採取一致立場，拒絕承認南奧塞梯和阿布哈茲的獨立地位。

烏克蘭危機令兩國關係全面破裂。澳洲反對俄羅斯吞併克里米亞，譴責它損害烏克蘭領土完整、違反國際法。坎培拉跟隨西方對俄羅斯實施經濟制裁及入境禁令，而莫斯科亦對澳洲牛肉和農產品採取反制裁措施。一個月後的馬航MH17空難使俄澳關係惡化至歷史最低點，坎培拉指責客機遭到烏克蘭境內的親俄武裝叛軍以俄製導彈擊落，機上38名澳洲公民全數罹難。同年在布里斯班舉行的G20峰會上，時任澳洲總理阿博特揚言與普京「正面交鋒」（shirtfront），最終普京遭到冷待而提早離開峰會。

對於俄澳關係惡化，兩國政府有不同的演繹。坎培拉認為其政策旨在回應俄羅斯的侵略行為，而莫斯科則埋怨澳洲有欠務實，犧牲兩國利益。根據美國皮尤研究中心（2020）的調查數據顯示，在烏克蘭危機前後，澳洲人對俄羅斯的好感度從42%下降至26%，而反感度亦由39%飆升至63%。

戰略接觸俄羅斯，坎培拉大門應該關上？

澳洲與美國的同盟關係也是導致俄澳關係停滯不前的主因之一。作為「五眼聯盟」和「四方安全對話」成員，澳洲跟

美國的亞太安全戰略鑲嵌一起，坎培拉對美國和歐洲利益無條件服從，跨大西洋聯盟的團結凌駕於俄澳關係，似乎不容易有改善空間，莫斯科也不屑坎培拉缺乏外交獨立性（Korolev, 2019a）。在克里米亞危機、敍利亞內戰和斯克里帕爾中毒案等爭議上，由於並不涉及澳洲的重大利益，坎培拉都與西方國家採取一致立場。

莫斯科既視澳洲為美國的堅實盟友，坎培拉就難免成為它的攻擊對象，藉以削弱美方陣營的亞太軍事部署。比方説，俄羅斯對美澳兩國的聯合軍事設施、情報分享、軍事研發等領域甚感「興趣」，惹來澳方關注（Muraviev, 2018）。俄羅斯對澳洲的干預或也延伸至網絡世界，透過網絡攻擊損害其重要基礎建設，藉以造成政治影響和經濟損失。2018年澳洲與英國共同譴責俄羅斯軍事情報局（GRU）的惡意網絡活動，此前大約400間澳洲企業曾遭到俄國駭客攻擊。

注意一下俄羅斯外交部就上述有關澳洲軍人戰爭罪行的批評，其實又不完全是無的放矢。中國「戰狼外交官」趙立堅嘲諷事件充分揭示西方國家一直高呼「人權」和「自由」是多麼偽善，俄羅斯馬上和應說澳洲在世界舞台上的聲譽已被粉碎，坎培拉一直宣稱要保護「以規則為本」的世界秩序，其真正意義應該被重新評估。普京的現實主義世界觀跟中國調子最為諧協的，正是對美式自由主義世界秩序的批判。當然，要爭辯誰才是偽善高手，澳洲戰略政策研究所執行總監Peter Jennings自是引用入侵克里米亞和支持敍利亞阿塞德殺人政權的事例，對莫斯科加以反駁（Greene, 2020）。

對於坎培拉目前的對俄政策，澳洲國內不是沒有另類聲音。Deakin大學的Elizabeth Buchanan（2020）提議坎培拉採取「澳洲優先」政策，在互惠互利的原則下對俄羅斯實行戰略接觸（strategic engagement）——即使不一定要成為戰略夥伴。坎培

1959年，12國簽訂《南極條約》，協調及促進國際考察工作。圖為《南極條約》的12國國旗在南極洲麥克默多站（當地規模最大的科研中心）飄揚，包括澳洲和俄羅斯。從澳洲的利益出發，坎培拉應該以開發南極為基礎與俄羅斯實行戰略接觸，抑或容讓俄國和中國在那裏建立協作甚至結盟？

拉的惡夢應該是北京和莫斯科在地區議程上團結起來；但假如中國在東南亞的影響力被稀釋，不單止對澳洲，其實對俄羅斯的「向東轉」政策和遠東發展也大有裨益。例如在印太地區南部，中國對磷蝦捕撈和南極洲的烴蘊藏（hydrocarbon）野心愈來愈大；而中方在南極的四個基地當中，有三個就位處澳洲南極洲領地之內。俄國的五個基地也有四個在澳洲南極洲領地，如果中俄在南極洲的關係是競爭而不是合作，對缺乏極地保衛作戰能力的澳洲而言，不是好消息嗎？對俄羅斯的「全球極地強國」身份以及國家尊嚴的歷史意義而言，南極洲是重要部分之一；而一直以來除了一些阻礙環保工作的舉措，中俄兩國在南極洲根本沒有甚麼協作可言。澳俄戰略接觸的大門應該打開還是關上，真的是一個很頭痛的數學題嗎？

在中澳交惡、俄中友好的地緣政治變化下，可見未來坎培拉會突破跟俄羅斯的合作空間嗎？抑或反而兩國會成為能源出口的競爭對手，皆因澳洲或將成為液化天然氣的主要出口國？大家可能也注意到差不多在上述「戰狼外交」舌戰的同一時間，澳洲國防部長Linda Reynolds宣佈會投資參與美國研發高超音速巡航導彈，以應對中國和俄羅斯在這個領域上高度破壞性和足以改變遊戲規則的武器科技；有分析家相信，印度、日本和韓國早晚會亦步亦趨（Huang, 2020）。坎培拉只會甘於深陷美俄的零和博弈？抑或也會反思Buchanan的建言：看看莫斯科在印度與中國之間遊走、新德里在美國與俄羅斯之間迴旋，而多年來坎培拉不也是跟自己有千差萬別的印尼找到戰略接觸的共同基礎，而不用放棄自身的自由主義價值觀嗎？

7

結論
坐山觀虎還是騎虎難下？

　　有論者認為莫斯科「向東轉」的態度和舉措有點模稜兩可，但面對東亞中美兩虎相爭之局，俄羅斯也許很自豪自己安於模稜兩可的狀態。事實上，克里姆林宮智囊曾提出了第三條路線──「新不結盟運動」──將俄羅斯重新定位為平衡中美兩國的「第三勢力」，但是否真能否如願在歐亞緩衝地帶縱橫捭闔？

俄羅斯的東亞政策存在四大結構性障礙，包括歐亞認同的身份局限、過去向亞洲發展的失敗經驗、過於「重視」和糾纏跟美國的大國博弈，以及俄遠東的發展定位模糊。假如俄羅斯「向東轉」的目標是為了擴大地區安全上的影響力和推動經濟產業升級，效果迄今確實不似預期。

在地區安全問題上，俄羅斯鮮有主動介入調停，始終未能扮演重要仲裁者，反而似是攪局人。在朝鮮半島、台海、南海、加勒萬河谷這些引爆點，它不是退居二線就是以出售軍火來擔當「幕後玩家」。不少持分者都批評莫斯科假裝中立，實際上「為虎作倀」支持中國，藉以抗衡美國霸權；但這也未必盡然，不是沒有證據反映莫斯科跟中國的對手暗通款曲。無論如何，難道這些就是贏取東亞國家信任的良方嗎？

克里姆林宮看好亞洲的發展潛力，尤其是金融和科技產業，可惜俄羅斯經濟未能長足受惠。它與東亞國家的經貿連繫仍然以能源（和軍火）為主，最關鍵的突破契機是俄中東線天然氣管道，而向日本和韓國供氣卻一直只聞樓梯響。俄羅斯與亞洲國家的核電合作得到印度呼應，卻不被越南等其他國家歡迎。面對西方的金融和技術制裁，莫斯科未能在東亞地區找到適切的新出路。儘管日本與韓國分別提出「八點經濟合作計劃」和「新北方政策」，唯俄羅斯自身惡劣的營商環境導致日韓企業卻步。為了避免招致美國反感，日本、韓國與新加坡不願意向俄國提供能源開發和造船技術，而香港與新加坡亦抗拒成為俄資的避風港。

「向東轉」未必為東亞帶來新的多極秩序，可見未來亞洲局勢將繼續由美中兩國主導，那麼俄國在此有空間左右大局嗎？其實克里姆林宮不樂意在中美之間選邊站隊，以免失去左右逢源的外交機會，所以在美中貿易戰就刻意保持距離（Wong, 2020）。普京曾引用中國諺語，戲言俄羅斯要坐山觀虎

紅場——後面是俄羅斯的權力核心克里姆林宮

鬥（Kremlin, 2019）。然而，新冠病毒疫情後美中關係加速惡化，引致莫斯科在東亞周旋的空間更形狹小。觀乎俄羅斯的東亞政策擁有強烈反美色彩，華盛頓也不願對俄制裁網開一面，俄美兩國聯手對抗中國恐怕難以預期。相對而言，俄羅斯更樂意與中國加強戰略和軍事合作，從而協助後者成為東亞霸主，藉以挑戰美國主導的亞太秩序。

不過，東亞諸國對中國顧忌甚多，俄中同盟將限制前者跟它們推展關係；況且，兩國實力愈拉愈遠，強國之心不滅的莫斯科怎會甘願淪為北京的「小夥伴」？俄國的中國專家曾提醒，兩國關係的高峰期已經過去，中國崛起衍生的過度自信導致北京對莫斯科更加有恃無恐，俄國應該認真警惕與中國進一步加強合作（Lukin, 2020）。也許終有一天，俄羅斯會遭受魚池之殃，被北京「戰狼外交」拖累？

面對東亞兩虎相爭之局，克里姆林宮智囊提出了第三條路線——「新不結盟運動」——將俄羅斯重新定位為平衡中美兩國的

2012年第16屆不結盟運動首腦會議在德黑蘭舉行，普京強調俄羅斯願加強合作。

「第三勢力」，讓莫斯科領導和團結不願在中美之間選邊站隊的東亞諸國，甚至是美國的亞洲盟友（Karaganov et al., 2020）。「新不結盟運動」願景宏大，讓莫斯科提升地緣政治影響力，從而重塑歐亞大國的地位，避免在東亞政局被邊緣化。2012年第16屆不結盟運動首腦會議在德黑蘭舉行，普京在賀電中表示，俄羅斯一貫奉行平衡的外交政策，而不結盟運動對於在全球範圍內建立信任和加強穩定作出了重大貢獻，俄羅斯願與之進一步加強合作。當然，這戰略知易行難，皆因「向東轉」成效未張，許多東亞國家依然抱持觀望態度。回顧近年俄羅斯的大戰略，包括「歐亞融合」、「向東轉」、「大歐亞倡議」，彷彿總是雷聲大雨點小。俄羅斯如何能解決決心和投放不足的老毛病，將會是克里姆林宮需要認真反省、坐言起行的重大課題。

又或者可以從克里姆林宮的全球佈局去理解「向東轉」。某些形式上的地區性團結也許是好事，卻只是手段而不是目的。讓克宮沉思的是作為一方霸主跟各個全球權力中心的關係，以俄國為核心的歐亞緩衝地帶，怎樣以獨立陣營姿態跟德國領導

百年以來俄羅斯領袖對東亞關係的思考，到底是兜兜轉轉，還是故意在模稜兩可之中創造穩定的秩序？

的歐洲和中國稱霸的亞洲鼎足而立，而不是被前者「吞噬」或被後者隔絕在外。俄國前任外交部長伊萬諾夫（Igor Ivanov）就曾經提過，各方強權從來不會統一，要建立合作體系，規模就會很大，不僅會有布魯塞爾，也會包括莫斯科和北京。不論是歐盟東擴抑或是北京的「絲綢之路經濟帶」，要成功都不能缺少莫斯科的祝福。

　　如果有論者認為莫斯科「向東轉」的態度和舉措有點模稜兩可，大家可能有興趣參考一下葡萄牙前任歐洲事務國務卿Bruno Macaes的觀察（2018）──俄羅斯也許很自豪自己安於模稜兩可的狀態，這也可能反映在很久以前，劃分各個不同領域的界線其實早就模糊不清了。諾貝爾文學獎得主、俄羅斯詩人Joseph Brodsky早在蘇聯解體之初已經觀察得到（1990），混亂與矛盾，事實上有利於政權得以從中創造出穩定的秩序。當然，克里姆林宮是否真能在歐亞緩衝地帶縱橫捭闔，又是另一個故事了（王家豪、羅金義，2021）。

後記

　　這是我在香港出版的第一本書，應該不厭其煩地感謝羅金義教授，皆因沒有他的指導和幫助，此書未必能夠順利面世。猶記得2019年4月我提議撰寫此書時，羅教授立即踴躍表示支持，他對年輕人的提攜我銘記在心。在歷時大半年的寫作過程中，羅教授對書稿的批評、糾正和修訂，都使我受教很多。

　　此書主題為俄羅斯的東亞政策，靈感源自我和羅教授今年初出版的著作《絲綢之路經濟帶，歐亞融合與俄羅斯復興》內第四章〈大歐亞想像軟制衡「一帶一路」〉。我們希望藉此尋求研究突破，可以對俄國與東亞的關係有更深入的了解。在研究俄國與東亞各國（或政治實體）的關係的過程中，除了鑽研俄中關係之外，俄港關係給予我特別深刻的感受，只因我生於這座城市。身為研究俄羅斯的香港人，這節讀來格外有趣，它同時解釋了為何港人普遍對俄國的興趣有限（也是我經常被問及何解到莫斯科留學的原因）。

　　此書寫於香港社會動盪之年，在亂世中閱讀和寫作，但願我能堅守自己崗位，做好學者的本分。我希望把書獻給香港人、對俄羅斯感興趣的朋友和身旁支持我的人（特別是家人）；也衷心感謝香港城市大學出版社接納書稿並予出版；還有趙子明博士、羅進昌先生和林卓羚小姐捐贈珍貴照片。

王家豪

* * *

這裏不少篇幅的初稿，曾經以時事評論的方式登載於一些香港的新聞媒體，包括《關鍵評論網（香港）》和《立場新聞》等等。感謝各位編輯的支持和指教，這對本書得以完成十分重要。

2018 年秋天起，我因病患，身心俱殘，大部分工作都只能擱置下來。猶幸有幾位年輕人大方願意作伴，讓我參與撰寫了近百篇時事評論文章，發揮了心理療效，安慰自己總還未算百無一用。跟王家豪學弟合作的第一批文章，喜出望外地竟然可以結集成書在台北出版。之後，問題意識更強，信心更大，於是更有計劃地寫下新一輯文章，就是眼前這一本。過去，「俄羅斯研究」我是門外漢，「學無前後，達者為師」，在此必須對家豪帶領我進入這個新的學習領域表達謝意。除了家豪，也要感謝何偉歡、陸穎喬和趙致洋的慷慨。

這是「東亞焦點叢書」的第十本，恰巧我是作者之一，恭敬地以此悼念在今年初往生的戴萬平博士。2016年我開始籌備這套叢書，萬平兄是我第一批邀約的作者，促成了《印尼產業的政治經濟學：資源詛咒》這本好書。此後我跟他還有幾個合作項目，不論大大小小的請求，萬平兄從沒推搪，都是快而準地把事情辦好。這既是知識分子的素養，也是拍檔之間的情誼。如此年輕有為、才華橫溢，何苦天妒英才？只要這套叢書繼續推展下去，一步一腳印，都以跟萬平兄曾經作伴為榮。

如果我對成就這書總算有一點小功勞的話，謹此獻給家母。兩老年邁體弱，近年已經不敢遠行；回溯迄今為止最後一次遠遊之地，正是俄羅斯，家母多年素願得償。老人家都愛「想當年」，同一個故事訴說幾十次也不為厭；而家母的熱門片段之一，就是唸小學時當過少先隊小隊長，悉心結好紅領巾回校

上課的日子。都解體超過30年了，今天「想當年」情緒高漲時，還會偶然聽到她稱呼蘇聯做「老大哥」。共產主義革命是非成敗轉頭空，但理想主義也好，孝悌忠義也好，她大半生都執迷不已；家無恆產，遺傳給兒子們的，就只有這些，其實是幸還是不幸？有一次遠望她有一句沒一句地跟孫兒閒聊，我忽然想起曾國藩家中楹聯一句：「無官守，無言責，世事不聞不問，且將艱巨付兒曹」。但願下一代都比我們活得明慧。

羅金義

參考文獻

中文部分

BBC News 中文（2020a）：〈中美對抗：俄國智庫建議莫斯科「超脫」成為第三力量〉，2020年5月26日。https://www.bbc.com/zhongwen/trad/world-52809805

BBC News 中文（2020b）：〈美國制裁「北溪2號」 中國俄羅斯能源聯盟擴大〉，2020年9月11日。https://www.bbc.com/zhongwen/trad/world-54124279

中國旅遊研究院（2020）：〈2020中國出境旅遊發展報告〉。http://www.ctaweb.org/html/2020-11/2020-11-10-16-25-40630.html

中華人民共和國外交部（2018）：〈2018年5月17日外交部發言人陸慷主持例行記者會〉。https://www.fmprc.gov.cn/web/fyrbt_673021/t1560278.shtml

中華民國總統府（2002）：〈總統參加台俄交流協會成立大會〉。https://www.president.gov.tw/NEWS/1213

中華民國外交部（2017）：〈中華民國105 年外交年鑑〉。https://multilingual.mofa.gov.tw/web/web_UTF-8/almanac/almanac2016/PDF/外交年鑑完整排版.pdf

中華民國經濟部國際貿易局（2020）：〈俄羅斯國家檔〉。https://www.trade.gov.tw/App_Ashx/File.ashx?FilePath=../Files/PageFile/710282/俄羅斯國家檔.pdf

俄羅斯衛星通訊社（2019a）：〈斯大林和毛澤東：是朋友還是競爭對手？〉，2019年6月10日。http://big5.sputniknews.cn/opinion/201904061028119332/

俄羅斯衛星通訊社（2019b）：〈俄總理提議舉行俄羅斯-東盟海軍演習〉，2019年11月4日。https://big5.sputniknews.cn/military/201911031029978097/

央視新聞客戶端（2018）：〈中國媒體廣泛刊發總台專訪普京報道〉，2018年6月8日。https://m.news.cctv.com/2018/06/08/ARTI4lR1xQZXECC7RwjE8w75180608.shtml

安德烈・扎哈羅夫、阿納斯塔西婭・納帕爾科娃、凱瑟琳・澤維列娃（2019）：〈俄羅斯遠東：「中國迪瑪」和被他們「接管」的土地〉，《BBC News 中文》2019年10月30日。https://www.bbc.com/zhongwen/trad/world-50218805

斯洋（2015）：〈習普「兄弟情」，打擊奧巴馬？〉，《美國之音》2015年5月7日。https://www.voachinese.com/a/xi-russia-20150506/2753215.html

新華社（2018）：〈習近平在第四屆東方經濟論壇全會上的致辭〉，2018年9月2日。http://www.xinhuanet.com/politics/2018-09/12/c_1123419947.htm

新華社（2019a）：〈習近平接受俄羅斯主流媒體聯合採訪〉，2019年6月5日。https://www.xinhuanet.com/world/2019-06/05/c_1124583530.htm

新華社（2019b）：〈新時代的中國國防〉，2019年6月24日。http://www.xinhuanet.com/politics/2019-07/24/c_1124792450.htm

新華社（2020）：〈習近平同俄羅斯總統普京通電話〉，2020年7月8日。https://www.xinhuanet.com/politics/leaders/2020-07/08/c_1126213134.htm

日經中文網（2016）：〈日俄8項經濟合作計劃的內容概要〉，2016年12月16日。https://zh.cn.nikkei.com/politicsaeconomy/politicsasociety/22880-2016-12-16-16-32-08.html

朱夢娜（2020）：〈2020年中俄社會民意調查報告：兩國民眾彼此認可　中俄關係社會基礎更加鞏固〉，《新華社》2020年6月19日。https://big5.xinhuanet.com/gate/big5/www.xinhuanet.com/world/2020-06/19/c_1210667848.htm

李新（2013）：〈試析俄羅斯亞太新戰略〉，《現代國際關係》第2期，頁13–20，http://www.siis.org.cn/UploadFiles/file/20170507/%E8%AF%95%E6%9E%90%E4%BF%84%E7%BD%97%E6%96%AF%E4%BA%9A%E5%A4%AA%E6%96%B0%E6%88%98%E7%95%A5.pdf

波露茹瑪（2020）：〈蒙古人看部份台灣人的國際觀〉，《風傳媒》2020年11月21日。https://www.storm.mg/article/3220536

王傳劍（2007）：〈澳大利亞與東亞合作：政策演進及發展趨勢〉，《世界經濟與政治論壇》，第1期，頁81–87。http://www.cssn.cn/gj/gj_gwshkx/gj_zhyj/201310/t20131026_590433.shtml

王家豪、羅金義（2021）：《絲綢之路經濟帶，歐亞融合與俄羅斯復興》，台北：新銳文創（秀威資訊）。

王義桅（2015）：《一帶一路：機遇與挑戰》，北京：人民出版社。

盧伯華（2020）：〈俄用S400操弄中印衝突　陸網：遭普丁背後捅一刀〉，《中時新聞網》2020年9月18日。https://www.chinatimes.com/realtimenews/20200918000085-260407?chdtv

蒙克（2015）：〈蘇聯檔案解密（上）：還原真實的毛澤東〉，《BBC News 中文》2015年7月6日。https://www.bbc.com/zhongwen/trad/china/2015/07/150706_pantsov_mao_zedong_archive_1

藍美華（2017）:〈從與鄰關係看現代蒙古的生存之道〉,《台灣國際研究季刊》,第13卷第3期,頁37–57。http://www.tisanet.org/quarterly/13-3-3.pdf

謝靜（2018）:〈印度東向行動政策的特點及其對東南亞地區秩序的影響〉,《東南亞縱橫》,第2期,頁70–76。http://www.cqvip.com/qk/80718x/201802/675278776.html

趙華勝（2016）:〈評俄羅斯轉向東方〉,《俄羅斯東歐中亞研究》,第4期,頁1–16。http://www.oyyj-oys.org/UploadFile/Issue/uk1g4exm.pdf

趙華勝（2018）:〈論中俄美新三角關係〉,《俄羅斯東歐中亞研究》,第6期,頁1–25。http://www.oyyj-oys.org/UploadFile/Issue/chwq4ert.pdf

香港電台（2020）:〈外交部:讚賞俄方支持中方在香港問題上的正義立場〉,2020年6月5日。https://news.rthk.hk/rthk/ch/component/k2/1530377-20200605.htm

騰訊網（2020）:〈俄死挺印度,再供1770輛T14坦克〉,2020年9月15日。https://xw.qq.com/cmsid/20200915A0J0FJ00

英文部分

Abiru, T. (2019). *Japan and the Development of the Russian Far East* (106). The Valdai Discussion Club. https://valdaiclub.com/files/26173/

Alexseev, M. A., & Troyakova, T. (1999). Watching out for regional separatism in the Russian Far East: Ideological cueing of territorial security, economic incentives and cultural identity. *Geopolitics, 4*(3), 120–144. https://doi.org/10.1080/14650049908407658

ASEAN Secretariat. (2019). *External Trade Statistics: ASEAN Trade in Goods by Trading Partner, 2009–2018.* https://www.aseanstats.org/wp-content/uploads/2020/01/ASYB_2019.pdf

Asian Development Bank. (2020). *ADB's Work in Mongolia.* https://www.adb.org/countries/mongolia/overview

Baev, P. K. (2020, June). T*he Limits of Authoritarian Compatibility: Xi's China and Putin's Russia.* The Brookings Institution. https://www.brookings.edu/wp-content/uploads/2020/06/FP_20200615_the_limits_of_authoritarian_compatibility_xis_china_and_putins_russia.pdf

Baev, P. K., & Tønnesson, S. (2015). Can Russia keep its special ties with Vietnam while moving closer and closer to China? *International Area Studies Review, 18*(3), 312–325. https://doi.org/10.1177/2233865915596709

Baker, P. (2014, November 8). As Russia draws closer to China, U.S. faces a new challenge. *New York Times*. https://www.nytimes.com/2014/11/09/world/vladimir-putin-xi-jinping-form-closer-ties.html

Bank of Russia. (2020). *Direct Investment: Flows by Instrument and Partner Country*. https://www.cbr.ru/vfs/eng/statistics/credit_statistics/inv_in-country_e.xlsx

Barron, J. (2020, March 23). *China's crude oil imports surpassed 10 million barrels per day in 2019 — Today in energy*. U. S. Energy Information Administration (EIA). https://www.eia.gov/todayinenergy/detail.php?id=43216

Batbayar, T. (2003). Mongolian-Russian relations in the past decade. *Asian Survey, 43*(6), 951–970. https://doi.org/10.1525/as.2003.43.6.951

Bazhanov, E. P. (1990). *Kitaj i vneshnij mir* [China and the outside world]. Moscow: International Relations.

Blakkisrud, H., & Rowe, E. W. (2017). *Russia's Turn to the East: Domestic Policymaking and Regional Cooperation*. New York: Springer.

Blank, S. J. (2010). Russia's prospects in Asia. https://doi.org/10.21236/ada534395

Blank, S. J. (2019, February 19). *Military aspects of the Russo-Chinese alliance: A view from the United States*. The Asan Forum. https://www.theasanforum.org/military-aspects-of-the-russo-chinese-alliance-a-view-from-the-united-states/

Bliakher, L. E., & Vasil'eva, L. A. (2010). The Russian Far East in a state of suspension. *Russian Politics & Law, 48*(1), 80–95. https://doi.org/10.2753/rup1061-1940480105

Bocharova, M., Shchurenkov, N., & Korostikov, M. (2019). Po sisteme «vse svoi» [According to the system "All Ours"]. *Kommersant*. https://www.kommersant.ru/projects/chinatourism

Bratersky, M. (2018). Russia's pivot to Asia: Situational interest or strategic necessity? *Asian Politics & Policy*. https://doi.org/10.1111/aspp.12418

Brodsky, J. (1990, June). The view from the merry-go-round. *UNESCO Courier*, 31–36.

Brown, J. D. (2018). Japan's security cooperation with Russia: Neutralizing the threat of a China–Russia United front. *International Affairs, 94*(4), 861–882. https://doi.org/10.1093/ia/iiy031

Brown, J. D. (2020, March 6). *Proshhal'nye ustupki. Pochemu Rossii vazhno uspet' uluchshit' otnoshenija s Japoniej* [Farewell concessions. Why is it important for Russia to have time to improve relations with Japan]. Carnegie Moscow Center. https://carnegie.ru/commentary/81780

Browne, R. (2018, July 25). Defense bill offers harsh words for Russia and China. *CNN*. https://edition.cnn.com/2018/07/23/politics/ndaa-russia-china/index.html

Buchanan, E. (2020, July 14). *Australia's Russia problem (and how to solve it)*. Lowy Institute. https://www.lowyinstitute.org/the-interpreter/australia-s-russia-problem-and-how-solve-it

Campi, A. (2018). Mongolia and the dilemmas of deepening Eurasian continentalism. *Mongolian Journal of International Affairs, 20*, 3–25. https://doi.org/10.5564/mjia.v20i0.1022

Census and Statistics Department HKSAR. (2012). *External Direct Investment Statistics of Hong Kong 2011*. https://www.censtatd.gov.hk/en/data/stat_report/product/B1040003/att/B10400032011AN11B0100.pdf

Cha, V. (2016, September 6). *The unfinished legacy of Obama's pivot to Asia*. Foreign Policy. https://foreignpolicy.com/2016/09/06/the-unfinished-legacy-of-obamas-pivot-to-asia/

Chang, I. J. (2019). Taiwan and Russia Ties and the China Factor. *The Global Taiwan Brief, 4*(21), 4–6. http://globaltaiwan.org/wp-content/uploads/2020/02/4.21-GTB-PDF.pdf

Cheong Wa Dae. (2017, September 6). *The president and Russian president Vladimir Putin hold summit*. Office of the President. https://english1.president.go.kr/BriefingSpeeches/Briefings/71

Chia, L. (2018, November 13). *Despite differences, Singapore and Russia have 'long-standing friendship': President Halimah*. CNA. https://www.channelnewsasia.com/news/singapore/despite-differences-singapore-and-russia-have-long-standing-10927034

Christoffersen, G. (2009). Russia's breakthrough into the Asia-Pacific: China's role. *International Relations of the Asia-Pacific, 10*(1), 61–91. https://doi.org/10.1093/irap/lcp017

Clark, H. (2020, July 22). Oil and gas fueling South China Sea tensions. *Asia Times*. https://asiatimes.com/2020/07/oil-and-gas-fueling-south-china-sea-tensions/

Clinton, H. (2011, October 11). *America's Pacific century*. Foreign Policy. https://foreignpolicy.com/2011/10/11/americas-pacific-century/

Department of Commerce of India. (2020). *System on Foreign Trade Performance Analysis*. https://tradestat.commerce.gov.in/ftpa/rgncntq.asp

Dettoni, J. (2014, July 30). Mongolia's railway to China turns into national security threat. *bne IntelliNews*. https://www.intellinews.com/mongolia-s-railway-to-china-turns-into-national-security-threat-500416552/?source=mongolia&archive=bne

Dittmer, L. (1981). The strategic triangle: An elementary game-theoretical analysis. *World Politics, 33*(4), 485–515. https://doi.org/10.2307/2010133

Doojav, G. (2019). *Foreign Direct Investment (FDI), and It's Importance.* Bank of Mongolia. https://www.mongolbank.mn/documents/press_conference/20191022_01e.pdf

Emmers, R. (2001). The influence of the balance of power factor within the ASEAN regional forum. Contemporary *Southeast Asia, 23*(2), 275–291. https://doi.org/10.1355/cs23-2e

Espena, J. B. (2020, August 17). Russian influence in Southeast Asia will struggle to be more than marginal. *IDN-InDepthNews.* https://www.indepthnews.net/index.php/opinion/3776-russian-influence-in-southeast-asia-will-struggle-to-be-more-than-marginal

Far East Development Fund. (2017, September 6). *Russian-Korean Financial Cooperation.* https://www.fondvostok.ru/en/international_cooperation/Russian-Korean-financial-cooperation/

Federal Customs Service of Russia. (2020). *Results of Foreign Trade with Major Countries: January-December 2019.* https://customs.gov.ru/storage/document/document_statistics_file/2020-02/11/Ajow/WEB_UTSA_09.xls

Federal State Statistics Service (Rosstat). (2002). *Chislennost' gorodskogo i sel'skogo naselenija, muzhchin i zhenshhin po sub"ektam Rossijskoj Federacii [Number of urban and rural population, men and women by subjects of the Russian Federation].* http://www.perepis2002.ru/ct/html/TOM_14_02.htm

Federal State Statistics Service (Rosstat). (2010). *Chislennost' naselenija Rossii, federal'nyh okrugov, sub"ektov Rossijskoj Federacii, rajonov, gorodskih naselennyh punktov, sel'skih naselennyh punktov – rajonnyh centrov i sel'skih naselennyh punktov s naseleniem 3 tysjachi chelovek i bolee* [Population of Russia, Federal districts, subjects of the Russian Federation, districts, urban settlements, rural settlements – district centers and rural settlements with a population of 3 thousand people or more]. https://rosstat.gov.ru/free_doc/new_site/perepis2010/croc/Documents/Vol1/pub-01-05.pdf

Federal State Statistics Service (Rosstat). (2020). *Chislo v"ezdnyh turistskih poezdok inostrannyh grazhdan v Rossiju* [Number of inbound tourist trips of foreign citizens to Russia]. https://rosstat.gov.ru/free_doc/new_site/business/torg/tur/1-1-2019.xlsx

Federal State Statistics Service (Rosstat). (2020). *Valovoj regional'nyj produkt po sub"ektam Rossijskoj Federacii v 1998-2018gg.* [Gross regional product by constituent entities of the Russian Federation in 1998-2018]. https://bit.ly/3ttFR8f

Fortescue, S. (2015). Russia's "turn to the east": A study in policy making. *Post-Soviet Affairs, 32*(5), 423–454. https://doi.org/10.1080/1060586x.2015.1051750

Gabuev, A. (2010, August 31). "Chtoby byla pribyl', dolzhny byt' besposhhadnye sudy" ["For there to be profit, there must be merciless courts"]. *Kommersant.* https://www.kommersant.ru/doc/1495882?query=%D0%93%D0%BE%D0%BD%D0%BA%D0%BE%D0%BD%D0%B3%20%D1%82%D0%BE%D1%80%D0%B3%D0%BE%D0%B2%D0%BB%D1%8F

Gabuev, A. (2015a, February 16). Denezhnyj Gonkong [Monetary Hong Kong]. *Kommersant.* https://bit.ly/2RNNOHr

Gabuev, A. (2015b, March 5). *Russia's policy towards China: Key players and the decision-making process.* The Asan Forum. https://www.theasanforum.org/russias-policy-towards-china-key-players-and-the-decision-making-process/

Gabuev, A. (2015c, March 23). *Li Kuan Ju v Rossii: rolevaja model' ili svadebnyj general?* [Lee Kuan Yew in Russia: Role Model or Wedding General?]. Carnegie Moscow Center. https://carnegie.ru/commentary/59465

Gabuev, A. (2016, June 29). *Friends with benefits? Russian-Chinese relations after the Ukraine crisis.* Carnegie Moscow Center. https://carnegieendowment.org/files/CEIP_CP278_Gabuev_revised_FINAL.pdf

Galeotti, M. (2020, June 16). Spy cases map contours of Kremlin geopolitics. *Moscow Times.* https://www.themoscowtimes.com/2020/06/16/spy-cases-map-contours-of-kremlin-geopolitics-a70589

Galina, A. (2015, March 19). Opportunities yet to be grasped. *China Daily.* https://www.chinadaily.com.cn/hkedition/2015-03/19/content_19850651.htm

Gazeta. (2018, June 20). *Promyshlennaja revoljucija: Juzhnaja Koreja usilit Rossiju* [Industrial revolution: South Korea will strengthen Russia]. https://www.gazeta.ru/business/2018/06/19/11807491.shtml

Gingrich, N. (2019, October 27). China-Russia military alliance would have incredible impact on US. *Fox News.* https://www.foxnews.com/opinion/newt-gingrich-china-russia-strategic-alliance

Goble, P. (2018, January 25). *'Russians are not fools'—Moscow failing to encourage significant migration to Far East.* The Jamestown Foundation. https://jamestown.org/program/russians-not-fools-moscow-failing-encourage-significant-migration-far-east/

Goble, P. (2019, March 5). *Russian elite profiteering enables growing Chinese control of Baikal region.* The Jamestown Foundation. https://jamestown.org/program/russian-elite-profiteering-enables-growing-chinese-control-of-baikal-region/

Gordon, P. (2016, September 21). How Russia can help Hong Kong play a leading role as a digital content provider. *South China Morning Post.* https://www.scmp.com/ comment/insight-opinion/article/2021254/how-russia-can-help-hong-kong-play-leading-role-digital

Gorenburg, D., & Schwartz, P. (2019). *Russia's Relations with Southeast Asia.* Institut français des relations internationales. https://www.ifri.org/sites/default/files/atoms/ files/gorenburg_schwartz_russia_relations_southeast_asia_2019.pdf

Gray, N. (2020, April 1). Did Kim's Vladivostok visit reshape Russia-north Korea relations? *The Diplomat.* https://thediplomat.com/2020/04/did-kims-vladivostok-visit-reshape-russia-north-korea-relations/

Greene, A. (2020, November 30). Russia joins China in attacking Australia over Afghanistan war crimes report. *ABC News.* https://www.abc.net.au/news/2020-11-30/russia-condemns-afghanistan-war-crimes/12933224

Heinzig, D. (1983). Russia and the Soviet Union in Asia: Aspects of colonialism and expansionism. *Contemporary Southeast Asia, 4*(4), 417–450. https://doi.org/10.1355/cs4-4a

Herrly, P., Meijer, H., & Boll, N. (2013). The US "Rebalance" towards Asia: Transatlantic perspectives. *CERI Strategy Papers.* https://www.frstrategie.org/ sites/default/files/documents/publications/autres/2013/2013-facon-ceri-us-policy-change.pdf

Higgins, A. (2016, July 23). Vladivostok lures Chinese tourists (Many think it's theirs). *New York Times.* https://www.nytimes.com/2016/07/24/world/asia/ vladivostok-china-haishenwai-tourists.html

Hill, F., & Lo, B. (2013, July 31). Putin's pivot: Why Russia is looking East. *Foreign Affairs.* https://www.foreignaffairs.com/articles/russian-federation/2013-07-31/ putins-pivot

Hille, K., Manson, K., Foy, H., & Shepherd, C. (2020, July 27). US urged to exploit cracks in Russia-China relationship. *Financial Times.* https://www.ft.com/content/ b59bd581-a9f8-4415-9be6-4dff722e87a9

Hong Kong Economic and Trade Office in London (2021, April 8). Hong Kong–Russia. Retrieved April 13, 2021, from https://www.hketolondon.gov.hk/hk-russia. php

Hu, S. (2012). Russia and Cross-Taiwan Strait relations. In *China-Taiwan Relations in a Global Context: Taiwan's Foreign Policy and Relations* (pp. 140–161). New York: Routledge.

Huang, J., & Korolev, A. (2016). *The Political Economy of Pacific Russia: Regional Developments in East Asia.* New York: Springer.

Huang, K. (2020, December 1). Australia and US to take on China and Russia in hypersonic missiles. *South China Morning Post*. https://www.scmp.com/news/china/diplomacy/article/3112143/australia-and-us-take-china-and-russia-game-changing

Hussain, S. (2020, June 23). Why is Russia moving closer to Mongolia? *The Diplomat*. https://thediplomat.com/2020/06/why-is-russia-moving-closer-to-mongolia/

Interfax (2015, August 31). *"Газпром" активизировал работу по листингу в Гонконге* [Gazprom stepped up work on listing in Hong Kong]. https://www.interfax.ru/business/463748

Interfax (2019a, September 11). *Polmilliona kitajcev posetjat Irkutskuju oblast' v 2019 godu* [Half a million Chinese will visit the Irkutsk region in 2019]. https://tourism.interfax.ru/ru/news/articles/62463/

Interfax (2019b, December 14). *Rossijskij posol ne iskljuchil polnoj blokady KNDR so storony SShA* [The Russian ambassador did not rule out a complete blockade of the DPRK by the United States]. https://www.interfax.ru/world/687978

International Republican Institute (2017). *Pre-Presidential Election National Survey of Mongolian Public Opinion*. https://www.iri.org/sites/default/files/wysiwyg/iri_mongolia_poll_-_may_2017_.pdf

International Trade Administration. (2019, June 9). Japan—Liquefied Natural Gas (LNG). Retrieved December 23, 2020, from https://www.export.gov/apex/article2?id=Japan-Liquefied-Natural-Gas-LNG

Ivanov, A. (2020, June 27). COVID-19: Russia-ASEAN strategic partnership in action. *The Jakarta Post*. https://www.thejakartapost.com/academia/2020/06/27/covid-19-russia-asean-strategic-partnership-in-action.html

Ivashentsov, G. A., Vorontsov, A. V., Larin, V. L., Samsonova, V. G., Suslina, S. S., Toloraya, G. D., & Fedorovsky, A. N. (2013). *Russia—Republic of Korea relations: Revising the bilateral agenda*. Russian International Affairs Council. https://russiancouncil.ru/upload/WP_Russia-Korea_En.pdf

Japan External Trade Organization (JETRO). (2017). *2017 Survey of Japanese Companies Expanding into Russia*. https://www.jetro.go.jp/ext_images/_Reports/01/6917f0dd3e6f83ab/20170088.pdf

Jennings, R. (2020, February 21). Vietnam advancing ties with Russia to hedge against China, US. *Voice of America*. https://www.voanews.com/east-asia-pacific/vietnam-advancing-ties-russia-hedge-against-china-us

Jeong, J. (2020). *Economic Effect Analysis of New Northern Policy: Korea-Russia/EAEU FTA*. https://bit.ly/3wYdFwa

Joo, S., & Lee, Y. (2017). Putin and trilateral economic cooperation between Moscow, Seoul, and Pyongyang: Motivation, feasibility, and Korean peace process. *Asia Europe Journal, 16*(1), 81–99. https://doi.org/10.1007/s10308-017-0494-1

Joshi, N., & Sharma, R. K. (2017). India–Russia relations in a changing eurasian perspective. *India Quarterly: A Journal of International Affairs, 73*(1), 36–52. https://doi.org/10.1177/0974928416683056

Kaczmarski, M. (2012). Domestic sources of Russia's China policy. *Problems of Post-Communism, 59*(2), 3–17. https://doi.org/10.2753/ppc1075-8216590201

Kaczmarski, M., & Rodkiewicz, W. (2016, July 21). *Russia's Greater Eurasia and China's new silk road: Adaptation instead of competition.* OSW Centre for Eastern Studies. https://www.osw.waw.pl/sites/default/files/commentary_219.pdf

Kanaev, E., & Korolev, A. (2018). Reenergizing the Russia-ASEAN relationship: The eurasian opportunity. *Asian Politics & Policy, 10*(4), 732–751. https://doi.org/10.1111/aspp.12426

Karaganov, S. (2016). *Strategija dlja Rossii: rossijskaja vneshnjaja politika: konec 2010-h – nachalo 2020-h godov* [Strategy for Russia: Russian foreign policy: Late 2010s-early 2020s]. Council on Foreign and Defense Policy. http://svop.ru/wp-content/uploads/2016/05/%D1%82%D0%B5%D0%B7%D0%B8%D1%81%D1%8B_23%D0%BC%D0%B0%D1%8F_sm.pdf

Karaganov, S., Barabanov, O., & Bordachev, T. (2012). *Toward the great ocean, or the new globalization of Russia.* The Valdai Discussion Club. https://valdaiclub.com/files/11443/

Karaganov, S., Suslov, D., Primakov, Y. A., Makarov, I. A., & Popovich, L. (2020). *Protecting peace, earth, and freedom of choice for all countries. New ideas for Russia's Foreign Policy.* Higher School of Economics Publishing House. https://www.hse.ru/data/2020/06/01/1604074245/Protecting%20Peace_Report-2020.pdf

Kashin, V. (2018). *The current state of Russian-Chinese defense cooperation.* Center for Strategic Studies. https://www.cna.org/CNA_files/PDF/DOP-2018-U-018184-Final.pdf

Kashin, V. (2019, May 23). *The west and Russian-Chinese relations: Stages of denial.* The Valdai Discussion Club. https://valdaiclub.com/a/highlights/the-west-and-russian-chinese-relations/

Kempe, F. (2019, June 1). *Special edition: Xi and Putin's budding bromance.* Atlantic Council. https://www.atlanticcouncil.org/content-series/inflection-points/special-edition-xi-and-putin-s-budding-bromance/

Kim, S. (2019a, October 29). China's aid to NK this year tops W41b until Aug. *The Korea Herald.* http://www.koreaherald.com/view.php?ud=20191029000590

Kim, Y. (2019b). *North Korea's Relations with China and Russia in the Security Realm* (78). The National Bureau of Asian Research. https://www.nbr.org/wp-content/uploads/pdfs/publications/sr78_china_russia_entente_march2019.pdf

Kireeva, A. (2012). Russia's East Asia policy: New opportunities and challenges. *PERCEPTIONS: Journal of International Affairs, 17*(4), 49–78. https://dergipark.org.tr/en/download/article-file/816370

Kireeva, A. (2019). A new stage in Russia-Japan relations: Rapprochement and its limitations. *Asia-Pacific Review, 26*(2), 76–104. https://doi.org/10.1080/13439006.2019.1692526

Kissinger, H. (1994). *Diplomacy*. New York: Simon & Schuster.

Komissarov, A. B., Safina, K. R., Garushyants, S. K., Fadeev, A. V., Sergeeva, M. V., Ivanova, A. A., Danilenko, D. M., Lioznov, D., Shneider, O. V., Shvyrev, N., Spirin, V., Glyzin, D., Shchur, V., & Bazykin, G. A. (2020). Genomic epidemiology of the early stages of SARS-Cov-2 outbreak in Russia. https://doi.org/10.1101/2020.07.14.20150979

Korea Trade-Investment Promotion Agency (KOTRA). (2019). *2018 North Korean Foreign Trade Trend*. https://news.kotra.or.kr/common/extra/kotranews/globalBbs/249/fileDownLoad/69423.do

Korolev, A. (2015, April 30). *The strategic alignment between Russia and China: Myths and reality*. The Asan Forum. https://www.theasanforum.org/the-strategic-alignment-between-russia-and-china-myths-and-reality/

Korolev, A. (2016). Russia's reorientation to Asia: Causes and strategic implications. *Pacific Affairs, 89*(1), 53–73. https://doi.org/10.5509/201689153

Korolev, A. (2019a). *Australia's Approach to Cooperation with Russia* (108). The Valdai Discussion Club. https://valdaiclub.com/files/26181/

Korolev, A. (2019b). On the Verge of an alliance: Contemporary China-Russia military cooperation. *Asian Security, 15*(3), 233–252. https://doi.org/10.1080/14799855.2018.1463991

Korolev, A., & Portyakov, V. (2018). Reluctant Allies: System-unit dynamics and China-Russia relations. *International Relations, 33*(1), 40–66. https://doi.org/10.1177/0047117818812561

Korostikov, M. (2019, February 27). Osobaja territorija ishhet osobogo otnoshenija [Special territory seeks special treatment]. *Kommersant*. https://www.kommersant.ru/doc/3895611

Kramarenko, S. (2008). *Air Combat over the Eastern Front and Korea: A Soviet Fighter Pilot Remembers*. Philadelphia: Casemate Publishers.

Kremlin. (2013, September 4). Interv'ju Pervomu kanalu i agentstvu Assoshijejted Press [Interview to Channel One and Associated Press]. *President of Russia*. https://kremlin.ru/events/president/news/19143

Kremlin. (2015, September 4). First Eastern Economic Forum. President of Russia. https://en.kremlin.ru/events/president/news/50232

Kremlin. (2017, September 5). Vladimir Putin's news conference following BRICS summit. *President of Russia*. https://en.kremlin.ru/events/president/news/55535

Kremlin. (2019, June 7). Plenary session of St Petersburg International Economic Forum. http://en.kremlin.ru/events/president/news/60707

Kremlin. (2020a, July 8). Telephone conversation with President of People's Republic of China Xi Jinping. *President of Russia*. https://en.kremlin.ru/events/president/news/63621

Kremlin. (2020b, October 22). Meeting of the Valdai Discussion Club. http://en.kremlin.ru/events/president/news/64261

Krivushin, I. (2018). Russia-Australia relations in the context of the Ukrainian crisis. *Asian Politics & Policy, 10*(4), 752–771. https://doi.org/10.1111/aspp.12427

Kuhrt, N. (2012). The Russian Far East in Russia's Asia policy: Dual integration or double periphery? *Europe-Asia Studies, 64*(3), 471–493. https://doi.org/10.1080/09668136.2012.661926

Kuhrt, N. C. (2014). Russia and Asia-Pacific: From 'Competing' to 'Complementary' regionalisms? *Politics, 34*(2), 138–148. https://doi.org/10.1111/1467-9256.12053

Kuhrt, N., & Kiseleva, Y. (2017). Russia–India relations: Strategic partnership put to the test? In D. Murray & D. Brown (Eds.), *Power Relations in the Twenty-First Century: Mapping a Multipolar World?* (pp. 157–172). https://doi.org/10.4324/9781315850566-9

Kukolevsky, A. (2010, January 18). $644 mlrd — cena priznanija Abhazii i Juzhnoj Osetii [$ 644 billion — the price of recognition of Abkhazia and South Ossetia]. *Kommersant*. https://www.kommersant.ru/doc/1305441

Kuteleva, A. (2018). Discursive politics of energy in EU–Russia relations. *Problems of Post-Communism, 67*(1), 78–92. https://doi.org/10.1080/10758216.2018.1520601

Lankov, A. (2020, October 6). *Behind the hype: Russia's stance on North Korea*. Carnegie Moscow Center. https://carnegie.ru/commentary/82892

Laruelle, M. (2008). "The White Tsar": Romantic Imperialism in Russia's Legitimizing of Conquering the Far East. *Acta Slavica Iaponica*, (25), 113–134. http://src-h.slav.hokudai.ac.jp/publictn/acta/25/laruelle.pdf

Laruelle, M. (2014, January 25). *Russia's national identity and foreign policy toward the Asia-Pacific.* The Asan Forum. https://www.theasanforum.org/russias-national-identity-and-foreign-policy-toward-the-asia-pacific/

Laskar, R. H. (2020, June 13). Foreign ministers of Russia-India-China to hold virtual meeting on June 22. *Hindustan Times.* https://www.hindustantimes.com/india-news/new-delhi-beijing-border-stand-off-on-agenda-in-russia-india-and-china-s-virtual-meet/story-SfuYcYry9269iUY4BOGDJL.html

Lavrov, S. (2019, February 25). Vystuplenie ministra inostrannyh del Rossii Sergeja Lavrova na Rossijsko-v'etnamskoj konferencii Kluba «Valdaj» [Speech by Russian Foreign Minister Sergei Lavrov at the Russian-Vietnamese conference of the Valdai Club]. The Valdai Discussion Club. https://ru.valdaiclub.com/a/highlights/vystuplenie-ministra-inostrannykh-del-rossii/?sphrase_id=261280

Lee, L. H. (2020, July/August). The endangered Asian century. *Foreign Affairs.* https://www.foreignaffairs.com/articles/asia/2020-06-04/lee-hsien-loong-endangered-asian-century

Lee, Y. (2019). Political viability of the Russia-north Korea-south Korea gas pipeline project: An analysis of the role of the U.S. *Energies, 12*(10), 1895. https://doi.org/10.3390/en12101895

Legvold, R. (2007). *Russian Foreign Policy in the Twenty-First Century and the Shadow of the Past.* New York: Columbia University Press.

Levada Center. (2020, September 30). *Attitudes toward countries.* https://www.levada.ru/en/2020/09/30/attitudes-toward-countries-4/

Lo, B. (2008). *Axis of Convenience: Moscow, Beijing, and the New Geopolitics.* Washington: Brookings Institution Press.

Lukin, A. (2012). Russia and America in the Asia-Pacific: A new entente? *Asian Politics & Policy, 4*(2), 153–171. https://doi.org/10.1111/j.1943-0787.2012.01334.x

Lukin, A. (2018). *China And Russia: The New Rapprochement.* New York: John Wiley & Sons.

Lukin, A. (2019a). *Russia's game on the Korean peninsula: Accepting China's rise to regional hegemony?* (78) The National Bureau of Asian Research. https://www.nbr.org/wp-content/uploads/pdfs/publications/sr78_china_russia_entente_march2019.pdf

Lukin, A. (2019b, December 23). *Russia's policy toward North Korea: Following China's lead.* 38 North. https://bit.ly/3geMYgW

Lukin, A. (2020, May/June). Pik minoval? [Have you passed the peak?]. *Russia in Global Affairs.* https://globalaffairs.ru/articles/pik-minoval/

Lukin, A., & Troyakova, T. (2012). The Russian Far East and the Asia-Pacific: State-managed integration. In *From APEC 2011 to APEC 2012: American and Russian Perspectives on Security and Cooperation in the Asia-Pacific* (pp. 189–203). Vladivostok: Far Eastern Federal University Press. https://apcss.org/wp-content/uploads/2012/09/Chapter15.pdf

Mankoff, J. (2015). Russia's Asia pivot: Confrontation or cooperation? *Asia Policy, 19*(1), 65–87. https://doi.org/10.1353/asp.2015.0009

Mankoff, J., & Barabanov, O. (2013). Prospects for U.S.-Russia Cooperation in the Asia-Pacific Region: The United States and Russia in the Pacific century. *Working Group on the Future of U.S.-Russia Relations.* https://futureofusrussiarelations.files.wordpress.com/2013/07/mankoff_barabanov_2013_07_26_scribd.pdf

Martynova, E. S. (2014). Strengthening of cooperation between Russia and ASEAN: Rhetoric or reality? *Asian Politics & Policy, 6*(3), 397–412. https://doi.org/10.1111/aspp.12117

Maçães, B. (2018). *The Dawn of Eurasia: On the Trail of the New World Order.* London: Penguin UK.

Mearsheimer, J. J. (2014, October 25). Can China rise peacefully? *The National Interest.* https://nationalinterest.org/commentary/can-china-rise-peacefully-10204

Miller, C. (2017). *Japan–Russia relations: The view from Moscow.* The German Marshall Fund of the United States. https://www.gmfus.org/file/25713/download

Miller, C. (2020). Will Russia's pivot to Asia last? *Orbis, 64*(1), 43–57. https://doi.org/10.1016/j.orbis.2019.12.004

Ministry of External Affairs, Government of India. (2019, September 5). Translation of prime minister's speech in plenary session of 5th eastern economic forum. https://www.mea.gov.in/Speeches-Statements.htm?dtl/31798/translation+of+prime+ministers+speech+in+plenary+session+of+5th+eastern+economic+forum+september+05+2019

Ministry of Foreign Affairs of Japan. (2016, September 3). Address by prime minister Shinzo ABE at the 2nd eastern economic forum. https://www.mofa.go.jp/erp/rss/northern/page1e_000098.html

Ministry of Foreign Affairs of the Russian Federation. (2013, February 12). *Concept of the foreign policy of the Russian Federation.* https://www.mid.ru/en/foreign_policy/official_documents/-/asset_publisher/CptICkB6BZ29/content/id/122186

Ministry of Foreign Affairs of the Russian Federation. (2016, December 1). *Foreign policy concept of the Russian Federation.* https://www.mid.ru/en/foreign_policy/official_documents/-/asset_publisher/CptICkB6BZ29/content/id/2542248

Ministry of Foreign Affairs of Singapore. (2013, October 14). MFA press statement visit of senior parliamentary Secretary for foreign affairs and culture community and youth Mr Sam Tan to Reykjavik, Iceland from 11 to 14 October 2013. https://bit.ly/3agRKXm

Ministry of Trade and Industry of Singapore. (2019, October 1). Singapore and the Eurasian Economic Union deepen economic relations through a Free Trade Agreement. https://www.mti.gov.sg/-/media/MTI/Newsroom/Press-Releases/2019/09/Press-release-on-EAEUSFTA-signing.pdf

Mohapatra, N. K. (2020, September 25). View: Providing a new impetus to the India-Russia strategic partnership. *The Economic Times*. https://economictimes.indiatimes.com/news/defence/view-providing-a-new-impetus-to-the-india-russia-strategic-partnership/articleshow/78317032.cms

Morgenthau, H. J. (1948). *Politics among Nations: The Struggle for Power and Peace*. New York: Alfred A. Knopf.

Motrich, E. L. (2011, October 4). *Demograficheskie i migracionnye processy na Dal'nem Vostoke Rossii* [Demographic and migration processes in the Russian Far East]. Interregional Association for Economic Cooperation of the Subjects of the Russian Federation "Far East and Transbaikalia". https://assoc.khv.gov.ru/regions/information/demographic-migration-processes

Muraviev, A. D. (2018, October 31). *Russia is a rising military power in the Asia-Pacific, and Australia needs to take it seriously*. The Conversation. https://theconversation.com/russia-is-a-rising-military-power-in-the-asia-pacific-and-australia-needs-to-take-it-seriously-105390

Murray, B. (2019). *Russia's awkward dance with Vietnam*. Foreign Policy Research Institute. https://www.fpri.org/wp-content/uploads/2019/10/rfp2murray.pdf

Murray, B. (2020). *Russia's struggle to gain influence in Southeast Asia*. Foreign Policy Research Institute. https://www.fpri.org/wp-content/uploads/2020/08/russias-struggle-to-gain-influence-in-southeast-asia.pdf

National Archives of Singapore. (2016). *DPM Tharman and First DPM Shuvalov engage Singapore and Russian business leaders at IE Singapore's Russia Singapore Business Forum 2016*. https://www.nas.gov.sg/archivesonline/data/pdfdoc/20161125018/MR05616_RSBF%202016%20Media%20Statement_2016%2011%2025.pdf

National Statistics Office of Mongolia. (2020). *Gadaad hudaldaa* [Foreign Trade]. http://1212.mn/Stat.aspx?LIST_ID=976_L14&type=description

Nikkei Asia. (2018, November 25). 2 Islands in the Northern Territories preceded 46%, only 2 islands returned 5% pollster. https://www.nikkei.com/article/DGXMZO38162370V21C18A1PE8000

Otgonsuren, B. (2015). *Mongolia–China–Russia economic corridor infrastructure cooperation* (127). Economic Research Institute for Northeast Asia (ERINA). https://www.erina.or.jp/wp-content/uploads/2015/02/se12710_tssc.pdf

Pajon, C. (2017, October 26). *Japan-Russia: The limits of a strategic rapprochement.* Institut français des relations internationales. https://www.ifri.org/sites/default/files/atoms/files/pajon_japan_russia_limits_strategic_rapprochement_2017.pdf

Paul, T. (2005). Soft balancing in the age of U.S. primacy. *International Security, 30*(1), 46–71. https://doi.org/10.1162/0162288054894652

Person, R. (2017). Balance of threat: The domestic insecurity of Vladimir Putin. *Journal of Eurasian Studies, 8*(1), 44–59. https://doi.org/10.1016/j.euras.2016.11.001

Pew Research Center. (2020). Opinion of Russia. Global Indicators Database. Retrieved December 23, 2020, from https://www.pewresearch.org/global/database/indicator/27/

Piirsalu, J. (2020, May 15). *Andrey Kortunov: Cooperation with the west will only happen when Russia modernises.* The International Centre for Defence and Security. https://icds.ee/en/andrey-kortunov-cooperation-with-the-west-will-only-happen-when-russia-modernises/

Polyakova, A., & Meserole, C. (2019, August). *Exporting digital authoritarianism: The Russian and Chinese models.* The Brookings Institution. https://www.brookings.edu/wp-content/uploads/2019/08/FP_20190827_digital_authoritarianism_polyakova_meserole.pdf

Ponomareva, E., & Rudov, G. (2016). Russia–north Korea: State of affairs and trends. *Journal of Asian Public Policy, 9*(1), 45–56. https://doi.org/10.1080/17516234.2015.1122716

Poplavsky, A. (2020, May 29). Den'gi dorozhe: ES prostit Kitaju Gonkong [Money is more expensive: EU will forgive China for Hong Kong]. *Gazeta.Ru.* https://www.gazeta.ru/politics/2020/05/29_a_13100449.shtml

Popovic, M., Jenne, E. K., & Medzihorsky, J. (2020). Charm offensive or offensive charm? An analysis of Russian and Chinese cultural institutes abroad. *Europe-Asia Studies, 72*(9), 1445–1467. https://doi.org/10.1080/09668136.2020.1785397

Poussenkova, N. (2013). *Russia's Eastern Energy Policy: A Chinese Puzzle for Rosneft.* Institut français des relations internationales. https://www.ifri.org/sites/default/files/atoms/files/ifrirnv70poussenkovarosneftengapril2013.pdf

Presidential Committee on Northern Economic Cooperation. (2017). *9-Bridge Strategy*. https://www.bukbang.go.kr/bukbang_en/vision_policy/9-bridge/

Prime Minister of Japan and His Cabinet. (2013, December 17). National Security Strategy. http://japan.kantei.go.jp/96_abe/documents/2013/__icsFiles/afieldfile/2013/12/18/NSS.pdf

Prime Minister of Japan and His Cabinet. (2019, January 28). Policy speech by prime minister Shinzo ABE to the 198th session of the diet. https://japan.kantei.go.jp/98_abe/statement/201801/_00003.html

Public Opinion Foundation. (2015, May 7). *Interes rossijan k Kitaju* [Russians' interest in China]. https://fom.ru/mir/12150

Public Opinion Foundation. (2018, July 11). *Rossija i Kitaj: pozicii v mir*e [Russia and China: positions in the world]. https://fom.ru/Mir/14063

Putin, V. (2000, November 14). Rossija: novye vostochnye perspektivy [Russia: New Eastern Perspectives]. *Nezavisimaya Gazeta*. https://www.ng.ru/world/2000-11-14/1_east_prospects.html

Qiang, P. X. (2018, March 31). Meet the Russian risk takers making safe Singapore their home. *South China Morning Post*. https://www.scmp.com/week-asia/business/article/2139635/meet-russian-risk-takers-making-safe-singapore-their-home

Radchenko, S. (2018, October 11). *As China and Russia draw closer, Mongolia feels the squeeze*. The Asan Forum. http://www.theasanforum.org/as-china-and-russia-draw-closer-mongolia-feels-the-squeeze/

Radchenko, S. (2020, June 26). Russia wants to keep Mongolia in its place. *Foreign Policy*. https://foreignpolicy.com/2020/06/26/russia-putin-mnb-wants-to-keep-mongolia-in-its-place/

Rangsimaporn, P. (2006). Interpretations of Eurasianism: Justifying Russia's role in East Asia. *Europe-Asia Studies, 58*(3), 371–389. https://doi.org/10.1080/09668130600601750

Rangsimaporn, P. (2009). Russia's search for influence in Southeast Asia. *Asian Survey, 49*(5), 786–808. https://doi.org/10.1525/as.2009.49.5.786

Reeves, J. (2015). Russo–Mongolian Relations: Closer than Ever (161). *Russian Analytical Digest*. http://www.css.ethz.ch/publications/pdfs/RAD-161-2-5.pdf

Reuters. (2010, November 10). Gazprom could supply 10 bcm of gas to Korea from 2017. https://www.reuters.com/article/russia-korea-gas/gazprom-could-supply-10-bcm-of-gas-to-korea-from-2017-idUSWLA755620101110

RIA Novosti. (2011, October 17). *Polnyj tekst interv'ju Putina rossijskim telekanalam* [Full text of Putin's interview with Russian TV channels]. https://ria.ru/20111017/462204254.html

Rigger, S. (2009). The Taiwan issue and the Sino-Russian strategic partnership. In J. A. Bellacqua (Ed.)*The Future of China-Russia Relations,* 312–329. https://doi.org/10.5810/kentucky/9780813125633.003.0012

Rozman, G. (2017). Unanswered questions about Japan-Russia relations in 2017. *Asia-Pacific Review, 24*(1), 74–94. https://doi.org/10.1080/13439006.2017.1320161

Rumer, E., & Sokolsky, R. (2019, June 20). *Thirty years of U.S. policy toward Russia: Can the vicious circle be broken?* Carnegie Endowment for International Peace. https://carnegieendowment.org/files/RumerSokolsky_USRussia_final_web.pdf

Rumer, E., Sokolsky, R., & Vladicic, A. (2020, September 3). *Russia in the Asia-Pacific: Less than Meets the Eye.* Carnegie Endowment for International Peace. https://carnegieendowment.org/files/SokolskyRumer_Asia-Pacific_FINAL.pdf

Russia Today. (2019, November 7). South Korea aims to boost trade with Russia to $30 billion by next year. https://www.rt.com/business/472831-russia-south-korea-trade/

Russian Public Opinion Research Center (VTsIOM). (2017, February 7). *Rossija-Kitaj-SShA: otnoshenija v strategicheskom treugol'nike* [Russia-China-USA: Relations in the Strategic Triangle]. https://wciom.ru/index.php?id=236&uid=525

Russian Public Opinion Research Center (VTsIOM). (2019a, January 28). *Kuril'skie ostrova – ne otdadim!* [The Kuril Islands - we won't give it up!]. https://wciom.ru/analytical-reviews/analiticheskii-obzor/kurilskie-ostrova-ne-otdadim

Russian Public Opinion Research Center (VTsIOM). (2019b, February 19). *Zhiteli Kuril'skih ostrovov o gosudarstvennoj prinadlezhnosti ih «maloj rodiny»* [Residents of the Kuril Islands about the statehood of their "small homeland"]. https://wciom.ru/analytical-reviews/analiticheskii-obzor/zhiteli-kurilskikh-ostrovov-o-gosudarstvennoj-prinadlezhnosti-ikh-maloj-rodiny

Russian Public Opinion Research Center (VTsIOM). (2019c, September 30). *Inostrannyj jazyk: perspektivnaja investicija?* [Foreign language: a promising investment?]. https://wciom.ru/index.php?id=236&uid=9924

Sakwa, R. (2008). *Russian Politics and Society.* New York: Routledge.

Sakwa, R. (2014). Challenges of Eurasian integration. In P. Dutkiewicz & R. Sakwa (Eds.), *Eurasian Integration—The View from Within* (pp. 11–30). New York: Routledge.

Saltskog, M., & Wasserman, P. (2019, February 26). Sino-Russian alignment in reality: The case of Central Asia. *Small Wars Journal.* https://smallwarsjournal.com/jrnl/art/sino-russian-alignment-reality-case-central-asia

Shagina, M. (2019). *Sanctions in Japan-Russia economic relations: Impact and adaption.* Institute for Security & Development Policy. https://isdp.eu/content/uploads/2019/06/Sanctions-in-Japan-Russia-Economic-Relations-FA-Final.pdf

Share, M. B. (2007). *Where Empires Collided: Russian and Soviet Relations with Hong Kong, Taiwan, and Macao.* Hong Kong: Chinese University Press.

Shih, G. (2019, February 19). In Central Asia's forbidding highlands, a quiet newcomer: Chinese troops. *The Washington Post.* https://www.washingtonpost.com/world/asia_pacific/in-central-asias-forbidding-highlands-a-quiet-newcomer-chinese-troops/2019/02/18/78d4a8d0-1e62-11e9-a759-2b8541bbbe20_story.html

Shikoku News (2018, December 16). The four northern islands and two islands were returned in advance at 53%, the highest number. http://www.shikoku-np.co.jp/national/international/archive-201610http://www.shikoku-np.co.jp/national/flash/20181216000214

Silver, L., Devlin, K., & Huang, C. (2019, December 5). *China's Economic Growth Mostly Welcomed in Emerging Markets, but Neighbors Wary of Its Influence.* Pew Research Center. https://www.pewresearch.org/global/2019/12/05/chinas-economic-growth-mostly-welcomed-in-emerging-markets-but-neighbors-wary-of-its-influence/

Simes, D. (2019, October 3). Russia renews interest in Mongolia to counter Chinese influence. *Nikkei Asia.* https://asia.nikkei.com/Politics/International-relations/Russia-renews-interest-in-Mongolia-to-counter-Chinese-influence

Simes, D. (2020, May 31). *Singapore: Russia's new gateway to Southeast Asia?* bilaterals.org. https://www.bilaterals.org/?singapore-russia-s-new-gateway-to&lang=en

Skalamera, M. (2018). Explaining the 2014 Sino–Russian gas breakthrough: The primacy of domestic politics. *Europe-Asia Studies, 70*(1), 90–107. https://doi.org/10.1080/09668136.2017.1417356

Solomentseva, A. (2014). The "Rise" of China in the eyes of Russia: A source of threats or new opportunities? *Connections: The Quarterly Journal, 14*(1), 3–40. https://doi.org/10.11610/connections.14.1.01

Stent, A. (2020, April 27). *Why are US-Russia relations so challenging?* The Brookings Institution. https://www.brookings.edu/policy2020/votervital/why-are-us-russia-relations-so-challenging/

Stockholm International Peace Research Institute (SIPRI). (2020). *Military expenditure by country, in constant (2018) US$ m.* https://www.sipri.org/sites/default/files/Data%20for%20all%20countries%20from%201988%E2%80%932019%20in%20constant%20%282018%29%20USD.pdf

Storey, I. (2015). *What Russia's "Turn to the East" Means for Southeast Asia.* ISEAS Yusof Ishak Institute. https://think-asia.org/bitstream/handle/11540/11005/ISEAS_Perspective_2015_67.pdf?sequence=1

Storey, I. (2017, October 19). *Moscow, Beijing and the South China Sea dispute: Convergence and divergence.* China-US Focus. https://www.chinausfocus.com/peace-security/moscow-beijing-and-the-south-china-sea-dispute-convergence-and-divergence

Stratfor. (2018, April 5). *Central Asia's economic evolution from Russia to China.* https://worldview.stratfor.com/article/central-asia-china-russia-trade-kyrgyzstan-kazakhstan-turkmenistan-tajikistan-uzbekistan

Stratfor. (2019, October 4). Russia, China: Cooperation on a missile warning system points to an increasing alignment. https://worldview.stratfor.com/article/russia-china-cooperation-missile-warning-system-points-increasing-alignment-great-power-competition

Sukhorukova, E. (2019, August 21). *Kitajcy stali liderami po tratam sredi priezzhajushhih v Rossiju inostrancev* [The Chinese have become the leaders in spending among foreigners coming to Russia]. The RBC Group. https://www.rbc.ru/business/21/08/2019/5d5beb8e9a7947324870a3a3

Sullivan, J., & Renz, B. (2010). Chinese migration: Still the major focus of Russian Far East/Chinese north east relations? *The Pacific Review, 23*(2), 261–285. https://doi.org/10.1080/09512741003624450

Tamkin, E. (2020, July 8). Why India and Russia are going to stay friends. *Foreign Policy.* https://foreignpolicy.com/2020/07/08/russia-india-relations/

Tan, A. (2017, November 10). Why the Arctic is of interest to Singapore. *The Straits Times.* https://www.straitstimes.com/singapore/why-the-arctic-is-of-interest-to-singapore

Tanaka, T. (2017, September 23). North Korea sanctions rattle Russian, Chinese businesses. *Nikkei Asia.* https://asia.nikkei.com/Politics/North-Korea-sanctions-rattle-Russian-Chinese-businesses2

TASS. (2014, May 21). Jeksperty podschitali primernuju bazovuju cenu na gaz po kontraktu "Gazproma" i CNPC [Experts have calculated an approximate base price for gas under the contract between Gazprom and CNPC]. https://tass.ru/ekonomika/1203563

TASS. (2015, March 23). Singapore's late founding father called Putin's economic policy "too liberal" — Kremlin. https://tass.com/world/784326

TASS. (2019a, October 4). Russia helping China to create early missile warning system, says Putin. https://tass.com/defense/1081383

TASS. (2019b, December 17). One in five tourists to Murmansk region comes from China. https://tass.com/economy/1100207

Taylor, B. (2018). *The Four Flashpoints: How Asia Goes to War.* Carlton: La Trobe University Press.

Telegina, N. (2019, May 18). Xenophobia masquerading as environmentalism how politics, money, and racism turned Irkutsk against a Chinese bottling factory at Lake Baikal. *Meduza.* https://meduza.io/en/feature/2019/05/17/xenophobia-masquerading-as-environmentalism

Tiezzi, S. (2020, October 7). The cost of Pompeo's cancelled trips to South Korea and Mongolia. *The Diplomat.* https://thediplomat.com/2020/10/the-cost-of-pompeos-cancelled-trips-to-south-korea-and-mongolia/

Toloraya, G. (2008). The six party talks: A Russian perspective. *Asian Perspective, 32*(4), 45–69. http://www.jstor.org/stable/42704653

Trenin, D. (2019, July 18). *Russia's changing identity: In search of a role in the 21st century.* Carnegie Moscow Center. https://carnegie.ru/commentary/79521

Trenin, D. (2011). *Post-imperium: A Eurasian Story.* Brookings Institution Press. https://carnegieendowment.org/pdf/book/post-imperium.pdf

Trickett, N. (2017, June 23). Russia's financial carousel crashes into Asia. *The Diplomat.* https://thediplomat.com/2017/06/russias-financial-carousel-crashes-into-asia/

Tselichtchev, I. (2017, July 10). Chinese in the Russian Far East: a geopolitical time bomb? *South China Morning Post.* https://www.scmp.com/week-asia/geopolitics/article/2100228/chinese-russian-far-east-geopolitical-time-bomb

Tsuruoka, M. (2019, September 5). Making sense of Japan's approach to Russia. *The Diplomat.* https://thediplomat.com/2019/09/making-sense-of-japans-approach-to-russia/

Tsuruoka, M. (2020, October 7). Resetting Japan-Russia relations. *The Diplomat.* https://thediplomat.com/2020/10/resetting-japan-russia-relations/

Tsvetov, A. (2017a, February 8). Russia's Asian trade game. *The Diplomat.* https://thediplomat.com/2017/02/russias-asian-trade-game/

Tsvetov, A. (2017b, November 4). *Pochemu vo V'etname ne budet rossijskoj AJeS* [Why Vietnam won't have a Russian nuclear power plant]. Carnegie Moscow Center. https://carnegie.ru/commentary/68575

Tsvetov, A., Kashin, V., Korolev, A., & Pyatachkova, A. (2019). *Russia and Vietnam in the New Asia.* The Valdai Discussion Club. https://valdaiclub.com/files/22802/

Tubilewicz, C. (2002). The little dragon and the bear: Russian-Taiwanese relations in the post-cold war period. *The Russian Review, 61*(2), 276–297. https://doi.org/10.1111/0036-0341.00227

Tubilewicz, C. (2005). Taiwan and the Soviet Union during the Cold War. *Communist and Post-Communist Studies, 38*(4), 457–473. https://doi.org/10.1016/j.postcomstud.2005.09.001

U.S. Government Publishing Office (U.S. G.P.O.). (2005, November 21). *Remarks in Ulaanbaatar, Mongolia.* https://www.govinfo.gov/content/pkg/PPP-2005-book2/html/PPP-2005-book2-doc-pg1756.htm

United Nations Conference on Trade and Development. (2017). *FDI estimates by ultimate investor, share in inward FDI stock.* https://unctad.org/Sections/dite_dir/docs/WIR2019/WIR19_tab22.xlsx

United Nations, Department of Economic and Social Affairs, Population Division. (2019). *World Population Prospects 2019,* Online Edition. Rev. 1. https://population.un.org/wpp/Download/Files/1_Indicators%20(Standard)/EXCEL_FILES/1_Population/WPP2019_POP_F01_1_TOTAL_POPULATION_BOTH_SEXES.xlsx

Usov, A. (2019, October 15). *EBRD supports gold mining in Mongolia.* European Bank for Reconstruction and Development (EBRD). https://www.ebrd.com/news/2019/ebrd-supports-gold-mining-in-mongolia-.html

Voskressenski, A. (2019). Realization of the "Chinese dream" in Xi jinping's era: What should Russia expect? *World Economy and International Relations, 63*(10), 5–16. https://doi.org/10.20542/0131-2227-2019-63-10-5-16

Vradiy, S. Y. (2017). Russia-Taiwan relations: History and perspectives. *Izvestia of the Eastern Institute,* (2), 68–82. https://doi.org/10.24866/2542-1611/2017-2/68-82

Waltz, K. N. (2000). Structural realism after the Cold War. *International Security, 25*(1), 5–41. https://doi.org/10.1162/016228800560372

Weiner, M. (1996). Comintern in East Asia, 1919–39. In *The Comintern* (pp. 158–190). Palgrave, London. https://doi.org/10.1007/978-1-349-25024-0_5

Wezeman, P. D., Fleurant, A., Kuimova, A., Da silva, D. L., Tian, N., & Wezeman, S. T. (2020). *Trends in International Arms Transfers, 2019.* Stockholm International Peace Research Institute. https://www.sipri.org/sites/default/files/2020-03/fs_2003_at_2019.pdf

Wezeman, S. T. (2019). *Arms Flows to South East Asia.* Stockholm International Peace Research Institute. https://www.sipri.org/sites/default/files/2019-12/1912_arms_flows_to_south_east_asia_wezeman.pdf

Wilson, J. L. (2009). China, Russia, and the Taiwan issue. *The Future of China-Russia Relations, 292–307.* https://doi.org/10.5810/kentucky/9780813125633.003.0011

Wishnick, E. (2019a, October). Putin and Xi: Ice cream buddies and tandem strongmen. *PONARS Eurasia Policy Memo No. 620.* https://www.ponarseurasia.org/sites/default/files/policy-memos-pdf/Pepm620_Wishnick_Oct2019.pdf

Wishnick, E. (2019b). *The impact of the Sino-Russian partnership on the North Korean nuclear crisis* (78). The National Bureau of Asian Research. https://www.nbr.org/wp-content/uploads/pdfs/publications/sr78_china_russia_entente_march2019.pdf

Wong, K. (2020, November 19). Russia's neutrality and pragmatism amid the US-China rivalry. *LSE IDEAS: China Dialogues.* https://blogs.lse.ac.uk/cff/2020/10/01/russias-neutrality-and-pragmatism-amid-the-us-china-rivalry/

World Bank. (2021). GDP (current us$) - United States, China, Russian Federation. Retrieved April 13, 2021, from https://data.worldbank.org/indicator/NY.GDP.MKTP.CD?locations=US-CN-RU

Yeo, J. (2018, July 6). [Herald interview] Lifting sanctions on rajin-khasan project key to economic cooperation with Russia, NK. *The Korea Herald.* https://www.koreaherald.com/view.php?ud=20180706000494

Yonhap. (2018, October 23). Transit fees for trans-Korea gas pipeline estimated at over W200b: KOGAS. *The Korea Herald.* https://www.koreaherald.com/view.php?ud=20181023000842

Yonhap. (2020, September 21). Unification minister calls for Russia's 'constructive' cooperation in inter-Korean relations. https://en.yna.co.kr/view/AEN20200921006300325

Young, S. M. (1988). Gorbachev's Asian policy: Balancing the new and the old. *Asian Survey, 28*(3), 317–339. https://doi.org/10.2307/2644490

Zakharov, A. (2017). Exploring New Drivers in India-Russia Cooperation. *ORF.* https://www.orfonline.org/wp-content/uploads/2017/10/ORF_Occasional_Paper_124_India-Russia.pdf

Zakharova, L. (2016). Economic cooperation between Russia and North Korea: New goals and new approaches. *Journal of Eurasian Studies, 7*(2), 151–161. https://doi.org/10.1016/j.euras.2016.04.003

Zuenko, I. (2020, May 25). *Russia-China partnership proves immune to coronavirus.* Carnegie Moscow Center. https://carnegie.ru/commentary/81884

東亞焦點叢書
已經出版

東亞焦點叢書

蔡英文兩岸政策的心路歷程

鄧岱賢

東亞焦點叢書

印尼產業的政治經濟學
資源詛咒

陳武華

東亞焦點叢書

老撾的地緣政治學
誰來是誰的？

羅金義、秦偉燊

東亞焦點叢書

南海之爭的多元視角

孫國祥

東亞焦點叢書

馬來西亞民主轉型
族群與宗教之間

黃基明

東亞焦點叢書

澳門文化遺產保護
公民參與的策略

譚志廣

東亞焦點叢書

轉型中的東亞福利體制

莊玉惜

東亞焦點叢書

十字路口上的東亞區域整合
競爭視野合作？

葉怡君

東亞焦點叢書

大湄公河次區域地緣經濟角力
衝突與調和

邢瑞湖